高等职业教育产教融合特色系列教材·汽车类

汽车维护与保养

主　编　刘　晨
副主编　兀光波　郭晓辉

北京理工大学出版社
BEIJING INSTITUTE OF TECHNOLOGY PRESS

内 容 提 要

本书以现代汽车维护作业国家标准及汽车厂家维护作业标准对汽车维护常用工具、设备的标准化使用进行了详细描述，对汽车的各个系统维护标准及方法进行了深入分析和介绍。全书主要内容包括认识汽车维护与保养概述、汽车维护工具与设备使用、发动机系统维护、汽车电气系统维护、汽车底盘系统维护、新能源汽车维护等。

本书可作为高等院校、高职院校汽车检测与维修、汽车制造与试验技术及新能源汽车技术等专业的核心课程教材，也可作为培养汽车维修技术技能型人才的理论实践一体化教材，还可作为汽车维修技能等级培训教材。

版权专有　侵权必究

图书在版编目（CIP）数据

汽车维护与保养 / 刘晨主编 . -- 北京：北京理工
大学出版社，2024.6.
ISBN 978-7-5763-4174-4

Ⅰ . U472

中国国家版本馆 CIP 数据核字第 2024BT5233 号

责任编辑：高雪梅	**文案编辑**：高雪梅
责任校对：周瑞红	**责任印制**：李志强

出版发行 / 北京理工大学出版社有限责任公司
社　　址 / 北京市丰台区四合庄路 6 号
邮　　编 / 100070
电　　话 / （010）68914026（教材售后服务热线）
　　　　　（010）68944437（课件资源服务热线）
网　　址 / http：//www.bitpress.com.cn
版 印 次 / 2024 年 6 月第 1 版第 1 次印刷
印　　刷 / 河北鑫彩博图印刷有限公司
开　　本 / 787 mm × 1092 mm　1/16
印　　张 / 15.5
字　　数 / 337 千字
定　　价 / 48.90 元

图书出现印装质量问题，请拨打售后服务热线，负责调换

前 言
PREFACE

党的二十大报告作出了加快建设交通强国、人才强国的战略部署，明确了交通是现代化产业体系的重要组成部分，人才是全面建设社会主义现代化国家的基础性、战略性支撑。近年来，随着我国汽车产业的快速发展，以及消费者对汽车维护重视程度的不断提升，如何提高机动车检测维修专业技术人员素质，加强机动车检测维修专业技术人才队伍建设，规范机动车检测维修专业技术人员的职业行为，成为确保机动车检测维修质量和车辆安全运行，满足人们对美好生活新期待的现实需求。本书紧跟汽车行业新技术、新工艺、新材料、新装备发展趋势，依据现行行业规范、标准及技术动态，系统地阐述了汽车售后服务的基本流程，汽车发动机、底盘、电气系统及车身维护保养的项目、内容及具体操作方法，力求突出新知识、新理论和新方法。

目前，我国的汽车产销量已经突破3亿台次，2024年5月，公安部交通管理局公布的数据显示，我国民用汽车保有量已达到3.4亿辆，其中，新能源汽车超过2 000万辆，汽车数量稳居世界第一位。我国汽车售后技术服务逐渐向常规维护和新兴免拆维护方向发展，"以养代修"的理念也逐步被广大车主认同，因此，现在汽车售后服务项目中，汽车的维护工作占据主要地位。因此，作为汽车售后市场的专业人才，必须懂得汽车维护并学会汽车维护作业。

由于我国能源部分依赖进口，加上对车辆排放控制要求越来越严格等因素，相关管理部门均加大了对国家标准《汽车维护、检测、诊断技术规范》的执行力度。为确保行车安全、降低能源消耗、减少环境污染、延长车辆使用寿命，我国现行的"定期检测、强制维护、视情修理"的汽车维修原则，也越来越被汽车维修企业接受。各汽车主机厂根据生产汽车的结构特点、材料和配置，制订了相关维护作业项目及标准。另外，现在汽车检测与维修专业的高职学生就业单位主要在4S店或综合汽车服务企业，尤其是在售后服务岗位，大部分工作都与汽车的维护作业相关。

为了适应汽车服务企业和 4S 店的用人需求，为了适应我国高职院校汽车专业教学、理论、实践一体化及网络教学资源整合改革的需要，本书简单介绍汽车各系统基本结构及原理，着重讲解各系统维护作业的意义，并配有维护作业实训指导内容，还在智慧职教 MOOC 中开设了网课，方便广大读者学习和互动。本书内容结合现代汽车各系统的"清洁、检查、紧固、调整、润滑和补给、更换及深度养护"八大维护作业，用大量结构原理图片、维护方法图片、维护标准文字标注和注解的方式，详细讲述了汽车各系统定期维护和非定期维护的作业项目、操作要领和技术要求等内容。

全书主要包括 6 个项目：项目 1 由兀光波、缑辉编写，讲述了汽车维护作业国家标准及厂家标准，维护作业项目及汽车的基本结构；项目 2 由郭忠庆编写，重点介绍了汽车常用检测设备、工具，以及举升机的规范使用方法；项目 3 由郭晓辉编写，项目 4 由韩玉科编写，项目 5 由杨华编写，具体介绍了汽车发动机系统、电气系统、底盘系统的维护作业项目及操作标准；项目 6 由肖盼、刘晨编写，介绍了新能源汽车的维护作业项目及操作标准。本书以汽车维护实际工作内容为导向，按"认知+技能+实战"的理论实践一体化教学规律进行编排，内容系统、连贯、完整，实际操作中配以大量图片，具有较强的实用性。本书主要结合学生学习特点及就业发展需求，强化理论够用实操为主。

本书在编写过程中参阅了大量的文献资料，在此对其作者表示衷心的感谢。

由于编者水平有限，书中难免存在不妥和疏漏之处，恳请广大读者批评指正。

编 者

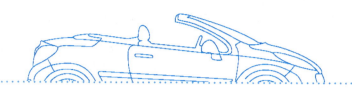

目 录
CONTENTS

项目 1　认识汽车维护与保养 ········· 001
任务　认识汽车维护与保养的内涵 ········· 001
1.1.1　汽车维护与保养的原则及作用 ········· 002
1.1.2　定期保养的意义及目的 ········· 003
1.1.3　汽车维护保养的参考周期 ········· 003
1.1.4　汽车维护与保养的标准 ········· 004

项目 2　汽车维护工具与设备使用 ········· 016
任务 2.1　汽车维护工具的使用 ········· 016
2.1.1　套筒扳手 ········· 017
2.1.2　套筒的配套工具 ········· 021
2.1.3　机油滤清器扳手 ········· 026
任务 2.2　举升机的使用 ········· 030
2.2.1　举升机的功用 ········· 031
2.2.2　举升机的结构及种类 ········· 031
2.2.3　举升机的保养和维修 ········· 032
2.2.4　举升机的使用注意事项 ········· 033

项目 3　发动机系统维护 ··· 041

任务 3.1　更换机油和机油滤清器 ··· 042

3.1.1　认识发动机润滑系统 ··· 042

3.1.2　润滑油的作用 ··· 044

3.1.3　润滑油的黏度 ··· 044

3.1.4　润滑油的规格和品质 ··· 045

3.1.5　发动机润滑油滤清器 ··· 046

3.1.6　发动机润滑油液面及品质检查 ··· 046

任务 3.2　清洁或更换空气滤芯 ··· 056

任务 3.3　检查、更换火花塞 ··· 061

3.3.1　火花塞简介 ··· 062

3.3.2　火花塞的选用 ··· 063

3.3.3　火花塞拆装专用工具 ··· 063

3.3.4　火花塞的检查 ··· 064

任务 3.4　检查、更换冷却液 ··· 070

任务 3.5　燃油滤芯的更换 ··· 079

任务 3.6　检查发动机皮带及进排气系统 ··· 088

3.6.1　发动机正时皮带 ··· 089

3.6.2　发动机进排气系统 ··· 090

任务 3.7　发动机管路及线束检查 ··· 099

项目 4　汽车电气系统维护 ··· 106

任务 4.1　汽车空调系统的维护 ··· 107

4.1.1　汽车空调系统简介 ··· 107

4.1.2　汽车空调系统的组成 ··· 108

4.1.3　空调滤清器 ··· 110

4.1.4　汽车空调系统维护的意义 111
　　实训1：汽车空调滤芯的检查与更换 112
　　实训2：汽车空调可视清洗 114
任务4.2　汽车灯光系统的维护 119
任务4.3　汽车座椅及安全带、安全气囊的检查 131
　　4.3.1　汽车座椅 132
　　4.3.2　安全带及安全气囊 132
任务4.4　汽车车载信息娱乐系统检查 138
任务4.5　车门、车窗及天窗、后视镜的检查 142
　　4.5.1　车门 142
　　4.5.2　车窗、天窗 143
　　4.5.3　后视镜 144
任务4.6　蓄电池的检查 149
　　4.6.1　蓄电池简介 150
　　4.6.2　蓄电池的充电方法 152
任务4.7　玻璃洗涤及前大灯洗涤装置的检查 156

项目5　汽车底盘系统维护 167

任务5.1　制动液的检查与更换 168
　　5.1.1　制动液 168
　　5.1.2　制动液储液罐的位置 169
　　5.1.3　制动液检测仪 169
　　5.1.4　制动液的检查 170
任务5.2　制动系统摩擦片的检查与更换 176
任务5.3　转向系统的检查 184
　　5.3.1　转向系统介绍 185

  5.3.2 转向系统的分类 ·· 185
  5.3.3 转向助力液 ·· 187
  5.3.4 转向助力液的检查 ··· 187
 任务 5.4 车轮的检查 ··· 191
  5.4.1 车轮 ·· 192
  5.4.2 胎压表 ·· 193
 任务 5.5 检查、添加和更换变速器油 ·· 205
  5.5.1 变速器油 ·· 206
  5.5.2 变速器油油位检查 ··· 206
  5.5.3 自动变速器油液品质的检查 ··· 207
 任务 5.6 悬架系统的检查 ··· 216
 任务 5.7 万向传动装置及底盘螺栓检查 ··· 220

项目 6 新能源汽车维护 ··· 227
 任务 主减速器润滑油的更换 ·· 228
  实训 1：新能源汽车维护作业工位准备 ·· 230
  实训 2：新能源汽车减速器润滑油更换 ·· 231
  实训 3：新能源汽车减速器润滑油更换 ·· 237

参考文献 ·· 240

项目 1
认识汽车维护与保养

随着汽车技术的迅速发展，汽车的工作性能及可靠性显著增强，故障率大幅降低，大修间隔里程大幅延长，甚至终身无大修。因此，汽车售后技术服务的项目和内容大部分已向常规维护和特色保养方面发展。汽车的"常规维护、以养代修、特色保养"已成为广大车主和售后服务企业的共识。开车犹如骑马，好的骑手懂得如何驾驭，也懂得如何喂养。不知喂养，一味加鞭，到头来良驹也会筋疲力尽，过早衰亡。在整个汽车生命周期中，定期、正确地对汽车进行维护与保养作业，可以减少问题的发生，有利于延长汽车的使用寿命，还能够保证汽车的行驶安全。

项目内容

名称	主要内容
认识汽车维护保养	维护的定义及意义
维护保养周期	一级保养、二级保养、三级保养、季节保养、停驶保养
维护保养标准	检查、清洁、紧固、更换

任务　认识汽车维护与保养的内涵

王先生在某4S店购置了一辆迈腾B8，想了解如何在走合期对该车进行维护与保养？另外，由于马上进入冬季，王先生还想全面了解轿车在换季前的维护与保养项目。如果你是这家店的维修技师，该如何说明？

任务需要解决的问题

1. 什么是汽车维护？（重点）

2. 为什么要进行汽车维护？（重点）

3. 汽车维护保养的参考周期有哪些？（难点）

4. 能否准确地说明汽车各分级保养主要项目？（重点、难点）

知识目标

1. 理解汽车维护保养的目的及意义；

2. 了解现代汽车维护保养的参考周期；

3. 了解汽车例行保养、等级保养、走合期保养、换季保养、停驶保养基本概念。

能力目标

1. 能够熟练掌握现代汽车维护与保养的分类；

2. 能够熟悉汽车一、二级保养的主要项目；

3. 能够熟悉汽车冬、夏两个季节的使用特点，熟练掌握汽车冬、夏两个季节的保养项目。

素质目标

1. 深刻理解汽车维护应贯彻"预防为主、定期检测、强制维护、确保安全"的原则与习近平总书记"人民至上，生命至上"执政理念之间的内在联系；

2. 深刻认识保持车辆技术状况良好，充分发挥汽车的使用效能和降低运行消耗，以取得良好的经济效益、社会效益和环境效益与习近平总书记"绿水青山就是金山银山"环保理念之间的内在联系。

1.1.1 汽车维护与保养的原则及作用

汽车维护是指为维持汽车完好技术状况或工作能力而进行的作业（图1-1），应贯彻"预防为主、强制维护"的原则。汽车维护与保养是保持汽车处于良好技术状况的基础，是汽车实现高效、低耗、安全、低污染运行的基本技术保证，同时，也是减少故障、延长汽车使用寿命的重要措施。定期对车辆进行维护与保养，将对车辆时刻保持良好的技术状况起着至关重要的作用。

图1-1 汽车检查保养

1.1.2 定期保养的意义及目的

众所周知,汽车是消耗品,随着使用时间的增加,行驶里程的增长,其技术状况会逐渐变坏,车身逐渐失去光泽(图1-2),各部分零件的配合也会逐渐退化,零件间的间隙因摩擦而变大,紧固的各部位零件也会逐渐松动,机油、变速箱油、冷却液等各种油液也会变质失效。因此,汽车厂家根据上述状况出现的日期,针对其随时间变化而产生的问题进行油液和零件的更换,所以就形成了定期保养。

定期保养的目的就是解决汽车定期出现的问题,从而使其恢复到最佳状态,防止问题由小变大,保证车辆行驶安全,所以,定期做保养是非常有必要的。

图1-2 车辆漆面老化

1.1.3 汽车维护保养的参考周期

根据现在车辆保养的原则,汽车生产厂家一般规定首次保养时间应为车辆行驶3 000 km时,后期保养严格按照车辆保养手册进行。车辆保养的参考周期有两个,一个是行驶里程;另一个是行驶时间,以先到者为准。例如,大众车系规定保养周期为5 000 km/半年,若客户在车辆使用过程中半年只行驶了2 000 km,这时以时间为保养参考周期,车辆应该进行保养;若客户的车辆一个月行驶了5 000 km,这时车辆按照里程要求也应该进行保养。

随着科技的不断发展,人们对车辆性能要求不断提升,安全意识不断增强,车辆保养周期也在不断发生变化。目前很多企业采用了以车辆检查为主,根据检测结果确定车辆维护与保养项目的服务,也受到了广大爱车一族的青睐。

如图1-3所示为汽车底盘检查。

注意:举升机升到位置一定要进行锁止,才能进行正常工作。

问题 1：请利用手机、计算机等信息化手段，查阅影响车辆零部件使用寿命的原因有哪些？

_____

_____

图 1-3　汽车底盘检查

1.1.4　汽车维护与保养的标准

汽车维护与保养按维修方式可分为事后保养和预防保养；按维修与保养作业组合的深度和广度可分为例行保养、一级保养、二级保养、三级保养等；按作业的性质可分为打扫、清洗和外表养护作业，检查与紧固作业，检验与调整作业，电气作业，加注作业等，其他还有综合保养、季节保养、停驶保养等。

1. 例行保养

例行保养是汽车驾驶员每天出车前、行车中和收车后针对汽车使用情况所做的保养（图 1-4）。其主要内容包括打扫、清洗汽车外部，检查安全机构及各部件的连接紧固情况，检查轮胎气压，补给油、水，以及不断进行未到保养里程的润滑作业。

图 1-4　汽车例行保养

(1)出车前的检查项目。

1)发动机发动前的检查：

①水箱的冷却水量、曲轴箱的机油量、燃烧箱的贮油量，不足时应添加。

②检查喇叭、灯光、刮水器、后视镜、牌照等外部是否齐全、有效。

③检查轮胎、半轴、板弹簧等涉及运行安全部位的紧固螺栓和螺母是否松动，如发现松动，应按规定扭矩拧紧。

④检查火花塞、点火线圈、发动机和发电机导线、蓄电池搭铁线的连接情况，蓄电池电解液不足时要加注蒸馏水。

⑤检查转向盘、离合器踏板、制动踏板自由行程是否符合标准（转向盘自由转角一般约为15°左右，离合器踏板自由行程为10～15 mm），必要时进行调整。

⑥检查转向横、竖拉杆、转向拐臂和接头的连接情况。

⑦检查随车工具、附件、备用油料，带拖车时的牵引装置及连接部位是否安全可靠等。

2)发动机发动后的检查：

①观察发动机工作声响是否正常，有无异响。

②检视各仪表的工作情况。

③试验喇叭声音、灯光、转向灯及刮水器的工作情况。

④检查制动系统和转向系统的工作是否正常牢固。

⑤检查燃料供给系统、润滑系统、制动系统、齿轮箱及冷冻系统等无漏油、漏水现象。

(2)行车中检查项目。

1)行驶途中的检查：

①检视各仪表是否工作正常。

②用听、闻、察的方法检查发动机和底盘各部位有无异响及异味。

③检查各操纵机构是否灵活，各机件是否有松旷现象，制动系统是否灵活有效等。

2)途中停车时检查：

①汽车各部件有无漏油、漏气、漏水现象。

②制动鼓、轮毂、变速器及后桥壳的温度是否正常。

③轮胎螺母的紧固情况，轮胎上有无杂物等。

④前后悬挂、传动轴、转向横、竖拉杆及转向臂各接头的紧固情况。

⑤货物装载情况和拖挂装置是否安全可靠。

(3)收车后的保养项目。

1)打扫车身内部，清除底盘泥泞，洗涤车辆各部分，擦净驾驶室、轮胎钢圈、前后灯、门窗玻璃、牌照灯等。

2)补充燃料、润滑油料及制动液。

3)检查散热器贮水量，一般应加满冷却水，但在寒冬季节（气温低于0 ℃露天存放的车辆，如未加防冻液，应将水放尽。检查冷却系统接头有无松动、渗漏等情况。

4)将制动贮气筒内的油、水、气放净，关好贮气筒开关。

5)转动机油粗滤器2～3圈。

6)检查钢板弹簧总成及轮胎气压状况,除去双胎间或胎面上的嵌入物及钢钉等尖锐杂物。

7)熄火后观察电流表有无漏电征兆。

8)消除车中发现的故障。

问题2:进行车辆例行养护的作业人员包括:＿＿＿＿＿＿＿＿＿＿＿＿＿＿＿

例行养护的主要作业项目有:＿＿＿＿＿＿＿＿＿＿＿＿＿＿＿＿＿＿＿＿＿＿

＿＿

＿＿

＿＿

例行养护的时间是:＿＿＿＿＿＿＿＿＿＿＿＿＿＿＿＿＿＿＿＿＿＿＿＿

2. 等级保养

按照汽车行驶里程的多少,进行不同级别的保养作业项目称为等级保养。等级保养可分为一级保养、二级保养、三级保养等。保养的级别越高,其间隔里程越长。一般来说,每高一级保养是低一级保养周期的整数倍。在实际生产中,保养与汽车在各种条件下的使用及汽车的自身结构、性能、材料和所承受的负荷程度有关,需要根据本地区、本单位的具体情况,在规定的保养周期范围内制定出各级保养周期。

(1)一级保养。一级保养一般在汽车行驶5 000～7 500 km时进行。其以紧固、润滑为主,主要内容包括检查、紧固汽车外露部分松动的螺栓、螺母,按润滑表现在规定的润滑部位加润滑脂和添加各总成内的润滑油,清洗各滤清器。一级保养作业的项目如下:

1)在驾驶员做好例行保养的基础上进行一级保养。一级保养作业前,应将汽车冲洗干净,发动机和底盘擦拭后应无油垢、泥垢。

2)清洗发动机机油、汽油(或柴油)、空气滤清器,清除或排出各滤清器中的沉积物,排出储气筒内的油污。

3)检查并向发动机油盘、变速器、后桥、转向机添加润滑油,使润滑油油位至最高线和最低线之间。

4)润滑水泵、分电器、转向拉杆球头销、离合器踏板支架销、转动轴、前后钢板弹簧销及车门等各润滑部位(按各车使用说明书规定的润滑点进行润滑),并配备齐全各润滑点的油嘴。

5)检查并紧固发动机、底盘、车身外部的连接螺栓与螺母,各锁紧装置应按规定的规格数量配备齐全,紧固可靠(图1-5)。

6)检查并调整空气压缩机、发电机等各传动带的松紧度。

7)检查和调整踏板的自由行程、转向盘的游隙及前轮轴承、转向节;检查调整拉杆的连接情况,前轮的侧滑量和汽车的制动性能。

8)检查并紧固前后钢板弹簧U形螺栓、变速器、传动轴、主减速器及半轴各连接螺栓。

9)检查发动机罩、散热器拉杆和百叶窗操纵机构、驾驶室或门窗座椅。
10)检查轮胎外表、轮胎气压并充气。

图1-5　汽车底盘检查

11)检查电气系统,如发电机、启动机及各种仪表工作是否正常;检查蓄电池液面高度和外壳是否渗漏,气孔是否通畅等。电解液应高出极板10～15 mm,蓄电池加注孔螺塞应齐全。

12)检查备胎升降器及备胎的固定情况,润滑备胎升降器各部位。

13)消除检查中发现的故障和缺陷。

14)经一级保养后,汽车应达到车容整洁、连接可靠,各滤清器应清洁畅通,各部分应不漏油、水、气、电,各润滑部位应得到充分润滑。

问题3:汽车一级保养的作业人员包括:_____

_____

汽车一级保养涉及发动机的作业项目有:_____

_____

_____

汽车一级保养涉及底盘的作业项目有:_____

_____

_____

_____

汽车一级保养涉及汽车电气的作业项目有:_____

_____

_____

汽车一级保养所使用的设备仪器有：_____

_____

_____

_____

（2）二级保养。二级保养一般在汽车行驶 15 000～30 000 km 时进行。二级保养以检查、调整为中心，对行驶一定里程的车辆进行一次较深入的技术状况检查和调整，其目的是保持车辆在以后较长时间内，能保持良好的运行性能。二级保养的作业工作较多，除进行一级保养的全部工作外，还必须消除一些保养工作中发现的故障和隐患。二级保养的时间较长，一般由专业保养人员实施。

进行二级保养前，驾驶员应将本车运行中的不良技术情况提供给执行保养的专业保养人员，以提高保养质量。驾驶员也应了解二级保养的主要内容，以便对保养的质量有所掌握。

二级保养的主要内容如下：
1) 执行一级保养的全部内容。
2) 测量发动机的气缸压力，调整气门间隙。
3) 清洗各滤清器、机油盘、集滤器浮子总成等。
4) 检查调整连杆轴承磨损情况及间隙。
5) 检查并紧固发动机前后支架螺栓。
6) 检查调整制动器，进行轮胎换位。
7) 检查调整离合器工作情况，检查其他总成，是否需要进行调整。

问题 4：汽车二级保养的作业人员包括：_____

_____

_____

汽车二级保养涉及发动机的作业项目有：_____

_____

_____

_____

汽车二级保养涉及底盘的作业项目有：_____

_____

_____

_____

汽车二级保养涉及汽车电气的作业项目有：

汽车二级保养所使用的设备仪器有：

（3）三级保养。三级保养一般在汽车行驶 30 000～40 000 km 时进行，是经过几次二级保养后，为了巩固和保持各个总成、组合件的正常使用性能而采取的保养措施；是在汽车行驶较长里程后，对总成和组合件进行保养作业。

三级保养以总成解体、清洗、检查、调整和清除隐患为中心。其主要作业内容包括：拆检发动机，检查气缸、活塞、活塞环及拉杆、轴承磨损情况，清除积碳、结胶及冷却系统水垢，研磨气门及调整间隙；对前桥、转向、变速器、传动轴、后桥、悬挂和制动器等总成进行解体，进行清洗、检查、调整、故障排除等工作。必要时对车架和车身进行检查、除锈、补漆等。

三级保养要求作业的项目较多，作业时间长，技术性强，一般应由专业保养人员完成。

问题 5：汽车三级保养的作业人员包括：

汽车三级保养涉及发动机的作业项目有：

汽车三级保养涉及底盘的作业项目有：

汽车三级保养涉及汽车电气的作业项目有：_____

_____

_____

_____

汽车三级保养所使用的设备仪器有：_____

_____

_____

_____

3. 走合期保养

走合期保养是指新车、所完成大修的车（包括装用大修过的发动机的汽车）在初期使用过程中所进行的保养。新车、刚完成大修的车及装用大修过的发动机的汽车走合是保证汽车长期行驶的一个重要阶段，这是因为新车、刚完成大修的车及装用大修过的发动机的汽车在出厂之前虽经过初步的磨合，但零件的加工表面还较粗糙；加工后的形状和位置还存在着一定的偏差；被磨落的金属屑也较多，因此加速了机件的磨损。此外，各连接件经过初期使用后容易松动，车辆的情况变化较大。因此要经过走合，使汽车各运动部件表面得到充分的磨合，同时，发现和排除制造与装配过程出现的缺陷，从而延长汽车的使用寿命和大修间隔里程，提高汽车使用的可靠性和经济性。汽车的走合期一般为 1 000～1 500 km，在此期间内，驾驶员应按规定认真做好新车的走合工作。

(1)新车走合前应检查的项目。新车走合前的检查项目按例行保养的项目进行。另外，应检查各盛装工作液的部件及各连接部位有无渗漏情况。

(2)走合期应注意的事项。

1)发动机内应加注较稀（黏度小）的优质润滑油，并按规定间隔更换新油。

2)冷车发动后，应使发动机在较低的速度下稳定运行数分钟，待水温升至 60 ℃时方可起步行驶。在发动机未走热前，不得高速运转。冬季走合时，冷车发动后必须先预热发动机，起步后要低速行驶，待各部位传动件获得充分润滑后方可用正常速度行驶。

3)车速不得超过各挡最高速度的 50%。

4)载重量不得超过限定标准，一般按额定吨位减少 20%～30%，不得拖带挂车。

5)尽可能选择平坦路面行驶。

6)经常注意发动机的声响、温度和机油压力。

7)尽量避免急促地、长时间地使用行车制动器。

8)当行驶到 100～200 km 时，将发动机的气缸和进、排气歧管螺栓按规定扭力依次校紧一次。

9)经常注意变速器、后桥壳、轮毂及制动鼓的温度，如有严重发热时，应找出原因,予以排除,这些检查工作在开始走合的第一天更应注意。

10)当行驶到 500 km 时,发动机应在热车状态下更换一次润滑油。

(3)走合结束时的保养项目。走合结束后应做一次一级保养,为此增加以下保养项目:

1)拆洗气缸盖,检视气缸壁有无窜油、拉毛、活塞偏磨等情况,并测量气缸的圆柱度。

2)拆下机油盘,进行清洗并拆洗机油集滤器浮子总成,更换润滑油。

3)检查轴瓦磨损情况并按规定扭力扭紧曲轴连杆轴承螺栓。

4)按标准调整进、排气门间隙。

5)清洗、检查变速器、减速器、轮毂、转向机并更换润滑油。

6)清洗更换全部齿轮油,并检视各齿轮的啮合情况。

7)检查扭紧钢板弹簧 U 形螺栓螺母。

4. 换季保养

夏季使用汽车和冬季使用汽车,因季节气候条件的不同,在使用与保养上也各有差异。汽车根据季节的变化而进行的保养,就称为换季保养。换季保养一般可结合一级保养或二级保养同时进行。

汽车各总成内的润滑油黏度,随着汽车使用的温度变化而变化。夏季气候炎热,环境温度高,发动机的工作温度也相应较高,润滑油就变稀。而冬季的润滑油则变稠(黏度增加),这样直接影响汽车各总成件的润滑。冷却系统的冷却液及蓄电池的电解液遇冷也会冻结(在不进行调兑时)。因此,应随着汽车使用季节的变化,进行必要的调整与保养,才能使汽车保证正常地运行。

(1)进入夏季的保养。汽车在使用一个冬季后,进入夏季使用时,应进行以下保养作业项目:

1)检查百叶窗,拆除发动机附加的保温装置及驾驶室的挡风装置,检修后妥善保管。

2)拆洗气缸和散热器的放水开关,清洗发动机水套,清除冷却系统的水垢。检、试节温器效能。

3)更换发动机、变速器、转向机、后桥等处的冬季用润滑油(或低温区用润滑油),换为夏季用润滑油。

4)调整发电机调节器,适当降低充电电流和电压。

5)调整蓄电池电解液的相对密度,并清通蓄电池通气孔。

(2)进入冬季的保养。汽车由夏季进入冬季使用时,也应在结合一级、二级保养的同时,进行下列保养:

1)加装防寒、防滑装置,检查百叶窗工作是否良好。

2)发动机及底盘各总成,应换用冬季润滑油。

3)清洗汽油箱、汽油滤清、节气门及供油管路,以防止有水结冻。

4)调整发电机调节器,适当增加充电电流和电压。

5)调整蓄电池电解液的相对密度,并使蓄电池各格的密度一致。

问题6：车辆为什么要进行换季保养？
___
___
___
___

5. 停驶保养

汽车虽在停驶状态，但总成和部件仍受到大气环境的侵蚀，时间越长损坏就越严重。对停驶汽车的保养作业项目主要取决于停驶时间的长短。在封存前，应按保养的间隔里程做一次相应级别的保养。其保养项目如下：

（1）停驶半个月以上的汽车，应将车架支起，以解除前后悬挂装置和轮胎的负荷。

（2）每月检查蓄电池一次，保持液面高于极板 10～15 mm，不足时加蒸馏水，禁止加电解液。冬季加蒸馏水后必须补充充电，以防止冻结。清除蓄电池表面积垢，并将导线接头与柱头涂上凡士林油，以防止腐蚀。

（3）每月启动发动机一次，怠速运转数分钟检查发动机状况。

（4）每月检查轮胎气压一次，并应进行补充充气。

（5）如果汽车停驶 3 个月以上，应将发动机封存。松开风扇皮带，放掉汽油泵中的汽油，将蓄电池取下，进行清洁检查后，放到充电间保管。

（6）润滑全部润滑点，且用油纸封住空气滤清器的进气口及消声器尾管的出气口，用胶布包缠变速器、后桥的通气孔。

（7）根据需要进行防锈和除锈工作。

分组利用手机、计算机等信息化手段，选定一款乘用车型并查阅用户手册，结合知识准备部分的知识，总结说明所查乘用车各类保养的主要项目。每组随机抽查一位学生，由主讲教师根据实训内容进行现场提问，并规定学生回答与解说、演示，再由小组成员评价该位学生的表现，当所有成员都提问完毕后，最后由主讲教师做总结并指出这次实训的成功与改善措施。

车辆型号：___

例行保养作业项目：___
___
___
___

等级保养作业项目：_____

_____

_____

_____

走合期保养作业项目：_____

_____

_____

_____

_____

换季保养作业项目：_____

_____

_____

_____

_____

停驶保养作业项目：_____

_____

_____

_____

_____

1. 汽车维护保养的参考周期有哪些？

2. 我国现行汽车维护分为哪几类？

3. 为什么要进行换季保养？

任务评估

汽车维护与保养简介				
序号	内容	配分	扣分	备注
1	□例行保养的时机(2分) □例行保养作业项目(3分)	5		
2	□一级、二级、三级保养的主要内容(10分) □一级、二级、三级保养作业项目(15分)	25		
3	□走合期应注意的事项(2分) □走合结束时的保养项目(3分)	5		
4	□进入冬季使用时保养作业项目(5分) □进入夏季使用时保养作业项目(5分)	10		
5	□停驶保养作业项目(5分)	5		
6	□团队协作能力(10分)	10		
7	□任务完成情况(30分)	30		
8	□课堂整体表现(10分)	10		
总评				

　　《道路运输车辆技术管理规定》(2016年1月14日中华人民共和国交通运输部第1号令)规定，日常维护由驾驶人实施，进一步体现了从汽车使用源头上消除行车安全隐患的宗旨，再次明确了汽车日常维护的主体责任，进一步强调了作为车主必须承担的汽车出行前、行车中、收车后的日常维护任务。因此，向广大车主普及汽车日常维护的基本知识和基本技能显得尤为重要。

　　思考：怎么样才能提高车主对汽车维护保养的重视程度，尤其是自行日常维护的认识？

认识汽车的基本结构

学习总结

项目 2
汽车维护工具与设备使用

汽车维修岗位人员需要提前熟悉维护工具和设备的使用方法，了解设备和工具使用的企业制度。规范合理地使用维护工具和设备，不仅可以维持维护工具和设备的精度与稳定性，延长其使用寿命，确保维护质量，还可以提高工作质量和工作效率。

项目内容

名称	周期	
汽车常用工具	日常检查、清洁	损坏及时上报更换
举升机的使用	日常检查、清洁、紧固	定期保养，损坏第一时间维修

任务 2.1　汽车维护工具的使用

王先生在某 4S 店更换新轮胎并做完动平衡后，在高速路上行驶过程中感受到轮胎跳动，转向盘发抖。返回 4S 店检查后发现问题原因：维修人员完成轮胎安装操作时，拧紧力矩不符合要求，从而导致问题的出现。

任务需要解决的问题
如何避免此类事件的发生呢？（重点）

知识目标

1. 掌握汽车维护常用工具设备和专用工具设备的特点；

2. 掌握设备使用的难点和疑点；
3. 了解工具与设备规范使用的相关制度。

能力目标

1. 能够使用汽车维护常用工具和设备；
2. 能够使用汽车维护专用工具和设备。

素质目标

1. 具备5S管理意识；
2. 具备安全意识，安全规范地操作工具和设备；
3. 具备诚信、敬业、科学、严谨的工作态度，科学细致地操作工具和设备；
4. 具备环保意识，严格按照环保法规的相关要求处理废料。

2.1.1 套筒扳手

套筒扳手是拆卸螺栓最方便、灵活且安全的工具，如图2-1所示。使用套筒扳手不易损坏螺母的棱角。根据工作空间大小、扭矩要求和螺栓或螺母的尺寸来选用合适的套筒头。套筒头呈短管状，一端内部呈六角形或十二角形，用来套住螺栓头；另一端有一个正方形的头孔，该头孔用来与配套手柄的方榫配合。一般在拆卸螺栓时首选套筒扳手。

图 2-1 套筒扳手

1. 套筒的类型

除常见的标准套筒外，还有很多特殊套筒，如六角长套筒、六角或十二角花形套筒、风动套筒、旋具套筒等。如头部制成特殊形状的螺栓、螺母，就必须采用专用套筒进行拆卸。

(1) 六角长套筒。六角长套筒的深度比标准套筒深2~3倍，是汽车维修工作中最常用的改型套筒之一，如图2-2所示。

图 2-2　六角长套筒

(2)风动套筒。风动套筒专门配套气动冲击扳手使用，如使用普通套筒，气动冲击扳手在工作时会产生瞬间强力冲击，可能会损坏套筒，造成工具和人员的伤害。风动套筒扳手如图 2-3 所示。气动冲击扳手的方榫部设计有 O 形锁圈，用来防止套筒在工作时从气动扳手上飞出。

图 2-3　风动套筒

(3)六角或十二角花形套筒。花形套筒是专门用来拆卸花形螺栓头螺栓的，如图 2-4 所示。在拆卸时，花形套筒可与这种螺栓头实现面接触，并采用曲面结构，在缩小体积的同时可增加拆卸扭矩。经常用于车门安装螺栓或安装进气歧管的双头螺栓等。

在花形套筒的尺寸标示中，首先是"T"和"E"的区分，然后才是尺寸数字区别。花形旋具头被称为 T 形(柱头)，而花形套筒被称为 E 形(沉头)。

套筒扳手的使用方法

图 2-4　六角花形套筒

套筒内径形状有六角和十二角（双六角）两种类型。内六角花形套筒与螺栓、螺母的表面接触面大，不易损坏螺栓、螺母表面；十二角花形套筒各角之间只间隔30°，可以很方便地套住螺栓，适合于在狭窄的空间中拆卸螺栓，如图2-5所示。十二角花形套筒不能拆卸大扭矩或棱边已磨损的螺栓，因为它与螺栓的接触面小，容易损坏螺栓的棱角或出现滑脱发生安全事故。

图2-5　十二角花形套筒

随着汽车制造技术的发展，汽车中内六角及内六花螺栓的使用越来越多。传动带轮上的无头螺钉、变速器的放油螺栓及减振器活塞杆的紧固螺栓等都使用了内六角螺栓。如果要拆卸这种螺栓，就必须使用专用的内六角和内六花扳手。

（4）旋具套筒。旋具套筒与配套手柄配合，组合成各式各样的螺钉旋具或六角扳手，用来拆卸螺栓头为特殊形状的螺栓或扭矩过大的小螺钉。

一字形旋具套筒及旋具头形状如图2-6所示。

十字形旋具套筒及旋具头形状如图2-7所示。

图2-6　一字形旋具　　　　　　图2-7　十字形旋具

米字形旋具套筒及旋具头形状如图2-8所示。

花形旋具套筒及旋具头形状如图2-9所示。

六角旋具套筒及旋具头形状如图2-10所示。

中孔花形旋具头不同于普通旋具头，中间为空心设计，适用于拆卸中间有凸起的花形螺栓，如图2-11所示。

图 2-8　米字形旋具

图 2-9　花形旋具

图 2-10　六角旋具

图 2-11　中孔花形旋具

　　旋具套筒与不同手柄配合会起到不同作用，可用棘轮扳手实现快速旋拧，也可接上接杆加长使用，对普通螺钉旋具无法拧动的螺钉可以施加较大扭矩。使用时，一定要给予旋具套筒足够的下压力，防止旋具套筒滑出螺钉头。在使用旋具套筒头拆卸或紧固螺钉时，一定要检查螺栓头部的六角或花形孔内是否有杂物，及时清理后方可进行操作，以免因工具打滑损坏螺栓或伤及自身。旋具头接头是用来连接旋具头及配套手柄的必备配套工具，如图 2-12 所示，如果没有旋具头接头，旋具头将无法使用。

　　旋具头与旋具套筒相同，只是要与旋具头接头配合使用，如图 2-13 所示。旋具头接头与旋具头组合后形成旋具套筒，这种配置比旋具套筒的制造成本低。

图 2-12　旋具配套棘

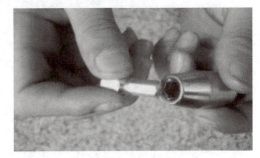
图 2-13　旋具头接头

2. 套筒的使用方法及注意事项

　　将套筒套在配套手柄的方榫上，再将套筒套住螺栓或螺母，左手握住手柄与套筒连接处，保持套筒与所拆卸或紧固的螺栓同轴，右手握住配套手柄加力，如图 2-14 所示。

在使用套筒的过程中，左手握紧手柄与套筒连接处，切勿摇晃，以免套筒滑出或损坏螺栓螺母的棱角。朝向自己的方向用力，可防止滑脱造成手部受伤，如图 2-15 所示。

图 2-14　配套手柄

图 2-15　正确的旋转方向

在选用套筒时，必须使套筒与螺栓、螺母的形状及尺寸完全适合，若选择不正确，则套筒在使用时极有可能打滑，从而损坏螺栓、螺母。

不要使用出现裂纹或已损坏的套筒。这种套筒会引起打滑，从而损坏螺栓、螺母的棱角。

禁止使用榔头将套筒击入变形的螺栓、螺母六角进行拆装，避免损坏套筒。

> **小贴士**
> 根据空间大小、扭矩要求和螺栓或螺母的尺寸来选择合适的套筒头，灵活应对操作环节。

问题 1：在使用套筒的过程中，左手和右手如何分工？

_____
_____
_____
_____
_____

2.1.2　套筒的配套工具

（1）扭力扳手。扭力扳手主要用于有规定扭矩值的螺栓和螺母的装配，如汽缸盖、连杆、曲轴主轴承等处的螺栓。常用的扭力扳手有指针式和预置力式两种。

1）指针式扭力扳手结构相对比较简单，它有一个刻度盘，当紧固螺栓时，扭力扳手的杆身在力的作用下发生弯曲，这样就可以通过指针的偏转角度大小表示螺栓、螺母的旋转程度，其数值可通过刻度盘读出。汽车维修中常用扭力扳手的规格为 $0\sim300$ N·m，如图 2-16 所示。

使用指针式扭力扳手时，应注意左手在握住扳手与套筒连接处时，不要碰到指针杆，否则会造成读数不准确，如图2-17所示。

图2-16　指针式扭力扳手

图2-17　指针式扭力扳手的使用

2）预置力式扭力扳手可通过旋转手柄，预先调整设定扭矩，达到设定扭矩时，扳手会发出警告声响以提示用户，如图2-18所示。当听到"咔哒"声响后，立即停止旋力以保证扭矩正确。当扳手设在较低扭力值时，警告声可能很小，所以应特别注意。预置力式扭力扳手刻度的读取，如图2-19所示，主尺加副尺为预紧力矩。

在使用扭力扳手拧紧时要用左手握住套筒，并保持扭力扳手的方榫部位及套筒垂直于紧固件所在平面；右手握紧扭力扳手手柄，向自己这边扳转，禁止用力扶住扭力扳手头部，会造成读数不准确，如图2-20所示。

图2-18　预置力式扭力扳手

图2-19　读数

图2-20　扭力扳手的正确使用

使用扭力扳手紧固一个平面上多个固定螺栓且力矩较大时，要注意拧紧顺序。一般的拧紧顺序是从中间至两边且对角分多次拧紧，详细顺序以维修手册为准。

（2）棘轮手柄。棘轮手柄是最常见的套筒手柄。套筒手柄是安装在套筒上用于扳动套筒的配套手柄，一般可分为大、中、小三类，如图 2-21 所示，如果没有配套手柄，套筒将无法独立工作。使用棘轮手柄时，可使套筒扳手以小的回转角锁住并在有限的空间中工作。

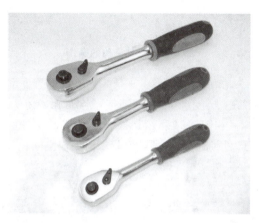

图 2-21　棘轮手柄

棘轮手柄头部设计有棘轮装置，在不脱离套筒和螺栓的情况下，可实现快速单方向的转动。通过调整锁紧机构可改变其旋转方向：将锁紧机构手柄调节到左边，可以单向顺时针拧紧螺栓或螺母；将锁紧机构手柄调节到右边，可以单向逆时针松开螺栓或螺母，如图 2-22 所示。不要使用棘轮扳手对螺栓或螺母进行最后的拧紧，防止损坏棘轮，另外，严禁对棘轮手柄施加过大的扭矩，否则会损坏内部的棘爪结构。有些专业棘轮扳手设计有套筒锁止及快速脱落功能，只需单手操作，可防止在使用过程中，套筒或接杆脱落。使用时，按下锁定按钮，如图 2-23 所示，将套筒头套入棘轮扳手的方榫中，松开锁定按钮，套筒即被锁止，如再次按下锁定按钮，即可解除套筒锁定。

图 2-22　棘轮扳手旋转方向调整

图 2-23　拆卸套筒的操作

(3)滑杆。滑杆也称为滑动T形杆或丁字杆。通过滑动方榫部分，手柄可以有两种使用方法，一种是方榫位置在一端，形成L形结构，从而施加力矩，达到拆卸或紧固螺栓的目的，与L形扳手类似，如图2-24所示；另一种是方榫部分在中部位置，形成T形结构，两只手同时用力，可以增加拆卸速度，但要求的工作空间很大，如图2-25所示。

 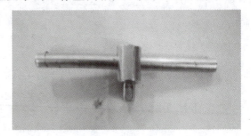

图 2-24　形似 L 形扳手　　　　　图 2-25　形似 T 形扳手

当拆卸扭矩过大时，禁止在滑杆的手柄上再加装套管或用锤子敲击，否则会造成工具或螺栓损坏。

(4)旋转手柄。旋转手柄也称为摇头手柄，可用于拆下或更换要求大扭矩的螺栓或螺母，也可在调整好手柄后进行迅速旋转，如图2-26所示。

旋转手柄头部可进行铰式移动，这样可以根据作业空间要求调整手柄的角度进行使用。通常使用旋转手柄时，应尽量在保持端部与手柄呈90°的L形位置的状态下使用，如图2-27所示。

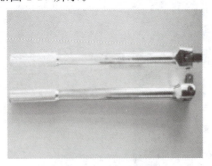 

图 2-26　旋转手柄　　　　　图 2-27　旋转手柄的使用

(5)快速摇杆。快速摇杆俗称摇把(图2-28)，是旋动螺母最快的配套手柄，主要用于拧下已经松动的螺母，或者将螺母快速旋上螺栓。使用快速摇杆时，左手握住摇杆端部，并保持摇杆与所拆卸螺栓同轴，右手握住摇杆弯曲部位迅速旋转。使用快速摇杆时，握摇杆的手不可摇晃，以免套筒滑出螺栓或螺母，如图2-29所示。

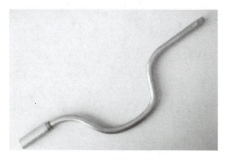

图2-28　快速摇杆

图2-29　快速摇杆的使用

（6）L形手柄。L形手柄的结构简单，因为是整体铸造，所以强度高，能承受较大力矩，如图2-30所示。

（7）旋柄。旋柄也是套筒配套手柄，如图2-31所示，其可以与套筒头及旋具头配合，与螺钉旋具手柄类似。旋柄多数为6.3 mm系列，无法进行大扭矩的旋拧。

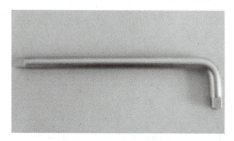

图2-30　L形扳手

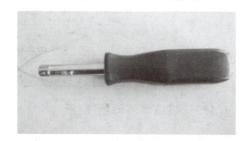

图2-31　旋柄

旋柄可以快速旋动螺栓、螺钉，主要用于将螺栓、螺钉旋动到底。旋柄的柄部可连接棘轮扳手或其他手柄，用以增加拆卸或紧固时的扭矩，如图2-32所示。

（8）接杆。接杆也称为延长杆或加长杆，是套筒类成套工具缺少不可的一部分。

在日常汽车维修工作中，有75 mm、125 mm、150 mm和250 mm等不同长度的接杆供选用，即常说的长接杆和短接杆，如图2-33所示。

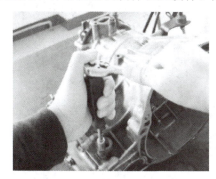

图2-32　旋柄与棘轮配套使用

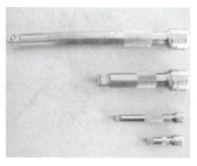

图2-33　接杆

（9）万向接头。万向接头的方形套头部分可以前后或左右移动，配套手柄和套筒之间的角度可以自由变化，其工作原理与前置后驱汽车传动轴使用的十字轴式万向节基本相同，如图2-34所示。

图2-34 万向接头

问题2：如何进行套筒配套工具的选择？
_____
_____
_____
_____

2.1.3 机油滤清器扳手

常见的一次性机油滤清器直径都在8 cm以上，如图2-35所示，顶部被冲压成多棱面（就像一个大螺母），如要拆装需使用专用机油滤清器扳手。

常见的机油滤清器扳手类型有很多，结构各异，但作用相同，使用操作方法也基本相似。

（1）杯式机油滤清器扳手，如图2-36所示。这种机油滤清器扳手类同一个大型套筒，拆卸不同车型的机油滤清器需要不同尺寸的扳手，在购买时多为组套形式套装。

图2-35 机油滤清器　　　　图2-36 杯式机油滤清器扳手

使用时，将杯式机油滤清器扳手套在机油滤清器顶部的多棱面上，使用方法同套筒扳手，如图2-37所示。

（2）钳式机油滤清器扳手是另外一种机油滤清器专用扳手，这种机油滤清器扳手可以说是钳子的改型产品，使用方法同鲤鱼钳，如图2-38所示。

图2-37　杯式机油滤清器扳手使用

图2-38　钳式机油滤清器扳手

（3）环形机油滤清器扳手，结构为一个可调大小的环形，环形内侧设计为锯齿状。使用时，将其套在机油滤清器顶部的棱面上，扳动手柄，扳手的环形会根据机油滤清器大小合适地卡在棱面上，如图2-39所示。

机油滤清器扳手

（4）还有一种机油滤清器扳手叫作三爪式机油滤清器扳手，需配套套筒手柄或扳手使用，其内部设计有行星排传递机构，可根据机油滤清器大小自动调节三爪的大小，如图2-40所示。

图2-39　环形机油滤清器扳手

图2-40　三爪式机油滤清器扳手

（5）在没有专用机油滤清器扳手的情况下，还可使用链条扳手替代专用扳手，达到拆装的目的，如图2-41所示。

图2-41　链条式机油滤清器扳手

安装机油滤清器时，必须检查并清洁机油滤清器安装面，如图 2-42 所示。另外，还应在密封圈的表面涂上一层机油，以保证密封可靠，并可防止损伤密封圈。

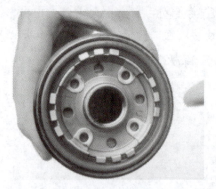

图 2-42 机油滤清器密封圈涂抹机油

1. 实训注意事项

（1）注意着装要求，不得穿高跟鞋、拖鞋、短裤等不符合规定的服装进入实训室。
（2）进入实训场地不得打闹，不得使用工具进行玩耍。
（3）进入实训场地，未经指导教师允许，不得动用整车。
（4）实训时，严格按照指导教师要求进行实践操作。
（5）举升车辆前应确定支撑位置正确，支撑牢靠。
（6）车辆举升至指定高度后，确定锁止后方可进入车辆底部。
（7）实习结束，降下车辆前，清洁车辆下部实训区域，并确保彻底无人方可举升解锁。
（8）实习结束，对实训设备、场地进行 7S 管理。

2. 设备/工量具/耗材

（1）设备：整车。
（2）耗材：套筒扳手。

3. 套筒使用

（1）准备工作：根据需要选择合适的套筒尺寸和类型，并准备好相应的扳手或扳手柄。
（2）将套筒插入螺钉或螺母的凹槽中。确保套筒与螺钉或螺母完全贴合，以免滑动或造成损坏。
（3）用力旋转扳手或扳手柄，使套筒与螺钉或螺母产生摩擦力。根据需要，可以选择顺时针拧紧或逆时针松开。
（4）拧紧或松开螺钉或螺母时，要注意力度和角度的掌握。过大的力度可能导致螺钉或螺母的损坏，而过小的力度则可能无法达到预期的效果。
（5）当螺钉或螺母达到所需的紧固程度后，停止使用套筒，并将工具放置在安全的地方。

1. 使用旋具套筒头拆卸时,需要注意哪些事项?

2. 棘轮手柄使用时需要注意哪些事项?

	汽车维护工具的使用			
序号	内容	配分	扣分	备注
1	能进行工位 8S 操作(总分 15 分) □1.1 整理、整顿:实操过程使用工具及物料分类摆放(3 分) □1.2 清理、清洁:实操结束打扫工位(4 分) □1.3 素养:耗用物料节约使用(3 分) □1.4 安全:安全操作仪器设备(5 分)	15		
2	能进行设备和工具安全检查(总分 10 分) □2.1 检查作业所需要的工具设备是否完备(2 分) □2.2 检查作业环境是否配备灭火器(3 分) □2.3 检查车辆配备是否完备(5 分)	10		
3	注重商务礼仪(总分 10 分) □3.1 正确穿着佩戴胸牌、工服等(3 分) □3.2 作业过程中与客户交谈语气、语速适中(3 分) □3.3 正确做好个人卫生及形象(4 分)	10		
4	能进行工具清洁校准存放操作(总分 10 分) □4.1 使用工具前检查工具、量具状态正常(2 分) □4.2 使用工具后对工具、量具进行清洁(4 分) □4.3 作业完成后对工具进行复位(4 分)	10		
5	能进行工具准备及过程规范(总分 9 分) □5.1 检查设备工具状态是否正常(3 分) □5.2 作业过程中工具不掉落(3 分) □5.3 作业过程证件、资料不落地(3 分)	9		
6	□团队协作能力(6 分)	6		
7	□任务完成情况(30 分)	30		
8	□课堂整体表现(10 分)	10		
	总评			

套筒在使用之前，需要根据工作需要选择合适的套筒扳手尺寸。在使用套筒扳手时，应该保持正确的姿势和力度。在使用完毕后，应该及时清洁套筒扳手，尤其是在使用过程中接触到油脂或其他污垢的部位。定期检查和维护套筒扳手。

思考：如果遇到较大的阻力，可以尝试使用延长杆或其他辅助工具来增加力量吗？

任务 2.2 举升机的使用

2016年4月1日中午，成都市民李先生和朋友将公司一辆价值593万元的白色劳斯莱斯定制版古思特轿车，开到位于机场路的成都三和劳斯莱斯4S店进行常规保养。不料在保养过程中，举升机发生故障，导致轿车突然从高处摔落下来，车头着地，车身受损。（中国青年网）

任务需要解决的问题

如何避免此类事件的发生呢？（重点）

知识目标

1. 掌握举升机的特点；
2. 掌握举升机使用的难点和疑点；
3. 了解举升机使用的相关制度。

能力目标

1. 能够使用举升机；
2. 能够处理举升机紧急事故。

素质目标

1. 具备5S管理意识；
2. 具备安全意识，安全规范地操作工具和设备；
3. 具备诚信、敬业、科学、严谨的工作态度，科学细致地操作设备和工具；
4. 具备环保意识，严格按照环保法规要求处理废料。

2.2.1 举升机的功用

双柱式举升机又称为龙门式举升机,主要用于汽车的维护、大修、底盘检修等工作时,将车辆举升离开地面,方便维修人员进行操作。

2.2.2 举升机的结构及种类

举升机主要有双柱式、四柱式、剪式等类型,一般采用电动液压操纵系统驱动,设有双保险自锁保护装置,具有升降平稳、安全可靠、使用方便等特点。

1. 双柱式举升机

图 2-43 所示为电动液压双柱式举升机。其使用开关操纵,升降方便,立柱为固定式,适合 3 t 以下的轿车、轻型车专业维修时使用。

图 2-43 电动液压双柱式举升机

2. 四柱式举升机

四柱式举升机采用电动液压或电动链条牵引。其使用开关操纵,升降方便。四柱式举升机提升质量可达 8 t,稳定性好,能满足载货汽车等较大车辆的维护需要。其缺点是占用场地较大,适合综合性汽车修理厂使用,如图 2-44 所示。

图 2-44 四柱式举升机

3. 剪式举升机

剪式举升机是汽车维修行业常用的修理机械,如图 2-45 所示。剪式举升机靠液压系统驱动升降，也称为液压举升机，在汽车维修养护中发挥着至关重要的作用，整车大修及保养都离不开液压举升机。随着我国汽车保有量的增加，举升机作为汽车维修的重要工具，需求量也大大增加。常用的剪式举升机有普通剪式举升机和带有大剪、小剪的剪式举升机等。

图 2-45　剪式举升机

2.2.3　举升机的保养和维修

1. 保持清洁

为确保举升机的正常运行及延长其使用寿命，应定期使用干燥、柔软的布料进行擦拭，以保持其表面整洁无尘。在进行此项清洁工作前，务必切断电源，以确保操作过程的安全可靠性。

此外，举升机所处的工作环境也需保持整洁。频繁清扫工作区域防止尘土与砂粒积聚，以减少对举升机机械部件的磨损。在尘砂较多的工作环境中，应更加重视环境清洁工作，以确保举升机的稳定运行和延长其使用寿命。

（1）每日例行检查：

1）检查液压缸与滑台之间的连接，确保其处于正常状态，并应检查板式链与滑台之间的连接螺母，确保它们没有松动或脱落的迹象。

2）对钢索的连接状态进行仔细检查，验证其是否牢固，并观察其张力是否处于最佳工作状态。

（2）每周维护：

在滑台的滑块立柱移动接触面上，按照标准操作程序，加注通用锂基润滑脂，确保从上至下的所有滑动面均匀涂抹。

注意：在设备刚开始使用的一个月内，为了确保滑台滑块的立柱移动接触面得到充分润滑，建议每周进行两次润滑脂的加注，以最大限度地保障设备的正常运行。

（3）月度维护步骤：

1）对设备的地脚螺栓进行再次紧固，确保稳固无松动。

2）为链条/钢丝绳涂抹适量的润滑油，以减少摩擦和磨损。

3）对所有链条连接器、螺栓和销进行逐一检查，验证其安装状态，确保牢固可靠。

4）全面检查液压管线，留意是否有磨损迹象，及时进行维护或更换。

5)检查滑台的滑块在柱体内侧的运动情况,确保其运动流畅,并使用符合《锂基润滑脂》(GB/T 7324—2010)要求的高质量重润滑油脂进行润滑。

注意:所有地脚螺栓务必确保完全拧紧,若发现螺栓损坏或失效,举升机应立即停机,直至更换螺栓为止。

(4)六个月维护步骤:

1)全面检查所有运动部件,特别注意可能存在的磨损、干扰或损坏情况,及时进行处理。

2)对各滑轮的润滑情况进行细致检查。若滑轮在升降过程中出现拖动现象,应立即为轮轴添加适量的润滑油。

3)检查和调整平衡张力,确保设备在升降过程中保持水平状态。

4)对柱体的垂直度进行精确检查,确保其垂直稳定。

注意:各个柱体内角应涂抹适量的润滑油,以减少滑块的摩擦,确保在升降过程中平滑、均匀。

(5)液压系统的保养:举升机在首次投入使用满六个月后,应清洗液压油箱并更换油液,以后每年清洗一次液压系统,并更换油液,如图2-46所示。

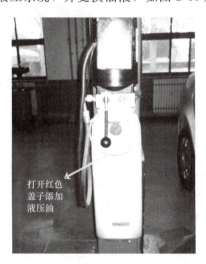

图2-46 添加或更换液压油

2. 更换密封件

举升机投入使用一段时间后,如发现有油液渗漏现象,应仔细检查;如渗漏是由于密封材料磨损引起的,则应立即按原规格及时进行更换。

2.2.4 举升机的使用注意事项

(1)举升机必须由受过专门培训并合格的人员进行操作使用和维护。

(2)勿使举升机处于极端温度和湿度环境中,避免安置在暖气设备、水龙头、空气加湿器或火炉旁。

(3)应使举升机避免接触大量灰尘、氨气、酒精、稀释剂或喷雾型胶粘剂等。

(4)举升机工作时,请勿靠近举升机或进入举升车辆底部。

(5)对举升机进行日常检查,不要在举升机有故障或零件破损的情况下运行,修理更换零件时应使用原装设备零件。

(6)举升机不能超载,应严格按照铭牌上额定承载质量使用。

(7)车辆举升时车内禁止坐人。操作时,客户和旁观者不应在举升区域内。

(8)保持举升机区域内无障碍物、油脂、机油、垃圾及其他杂质。

(9)定位举升机支撑,使其与制造商所推荐的提升点相接触。升起举升机,并确认支撑与车辆紧密接触。将举升机提升至合适的工作高度。

(10)对于某些车辆,部件的拆除(或安装)会引起重心的严重偏移,并导致车辆不稳定,需要使用支撑来保持车辆的平衡。

(11)在车辆离开升降区域前,应将举升臂取出,避免影响车辆的驶出和损坏举升臂。

(12)举升机工作时,切勿将手或身体的其他部位接触运动件。

(13)特别注意不要卸掉举升机的安全装置或使其不能发挥作用。

1. 实训注意事项

(1)注意着装要求,不得穿高跟鞋、拖鞋、短裤等不符合规定的服装进入实训室。

(2)进入实训场地不得打闹,不得借用工具进行玩耍。

(3)进入实训场地,未经指导教师允许,不得动用整车。

(4)实训时,严格按照指导教师要求进行实践操作。

(5)举升车辆前应确定支撑位置正确,支撑牢靠。

(6)车辆举升至指定高度后,确定锁止后方可进入车辆底部。

(7)实习结束,降下车辆前,清洁车辆下部实训区域,并确保车底无人方可举升解锁。

(8)实习结束,对实训设备、场地进行7S管理。

2. 设备/工量具/耗材

(1)设备:整车。

(2)耗材:套筒扳手。

3. 举升机使用

(1)举升机操作前准备。

1)在滑台的滑块立柱移动接触面上加注通用锂基润滑脂[《通用锂基润滑脂》(GB/T 7324—2010)],要求从上到下所有滑动面涂抹均匀,检查各部位是否漏油,地面是否清洁,检查各部位螺栓连接是否牢靠,重点检查地面螺栓,如图2-47所示。

2)在储液罐内加适量的液压油,约10 L,液压系统用N32或N46机械油,如图2-48所示。

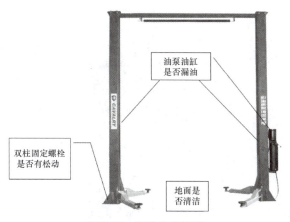

图 2-47 举升前的检查　　　　　　　　　图 2-48 检查油箱油液

(2)提升车辆。

1)清除举升机周围区域杂物。

2)将滑台调整到合适的位置,使四个滑台在同一平面。车辆底部如果变形,可适当调节滑台,使车辆能够水平上升。

3)将托臂缩到最小长度,如图 2-49 所示。

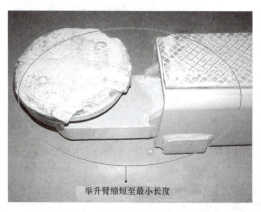

图 2-49 举升臂缩短至最小长度

4)将车辆移动到两个柱体之间,安放挡块,如图 2-50 所示。

图 2-50 车辆驶入工位

5)沿车辆路径摆动托臂,如图 2-51 所示。

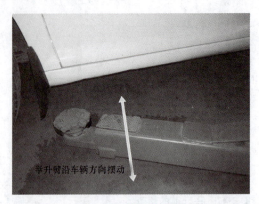

图 2-51　举升臂摆动

6)将托臂上的托盘移动到汽车推荐举升点下面,并旋转托盘以便与汽车举升点均匀接触,如图 2-52 所示。

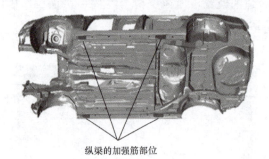

图 2-52　汽车举升支点

7)挡位挂入空挡,松开驻车制动,如图 2-53 所示。

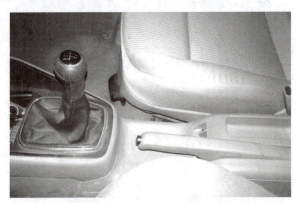

图 2-53　挂入空挡,松开驻车制动

8)按下举升机启动按钮,缓慢地提升车辆,确保车辆水平上升,将举升机升到所要求的高度,如图 2-54 所示。

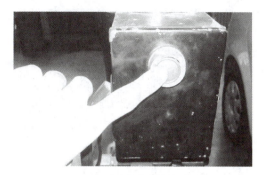

图 2-54　按下启动按钮

9）松开上升按钮。

10）按动下降阀手柄，将负载降到机械保险起作用的位置上，这时可以听到轻微的落座声，这时便可开始维修车辆了，如图 2-55 所示。

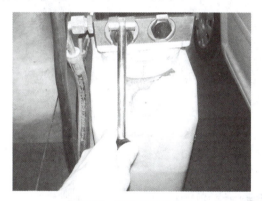

图 2-55　按动下降阀手柄

注意：提升车辆时，必须用上所有托臂。

在提升车辆之前，务必仔细检查所有管道接头和端口，确保无油泄漏迹象。一旦发现泄漏现象，务必暂停使用举升机。应当立即拆除泄漏接头，进行重新密封处理，并妥善安装接头，再次确认是否仍有油液渗漏。

车辆升起后，在增加或去除任何主要的重物时，需用辅助支撑来保持汽车的平衡。

问题：维修车辆举升达到何种程度时可进行维修？

_____
_____
_____
_____

（3）降下车辆。

1）清除举升机下面和周围区域的障碍物。

2）举升起车辆 2～10 mm，拉开两滑台上的保险板拉线，如图 2-56 所示。

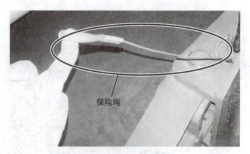

图 2-56　保险板拉线

3）按动下降阀手柄，滑台下降，如图 2-57 所示。

图 2-57　按动下降阀手柄

4）降下举升机，直至托臂到底且离开提升点后再松开下降阀手柄。

5）将车辆下的托臂完全收回，如图 2-58 所示。

图 2-58　收回举升臂

6）车辆驶离工位。

注意：手动保险机构失效时，请不要使用举升机。如果负载倾斜，请不要开动举升机。

顶起位置一	顶起位置二	顶起位置三	顶起位置四

举升机的使用

任务评估

举升机的使用				
序号	内容	配分	扣分	备注
1	能进行工位 8S 操作（总分 15 分） □1.1 整理、整顿：实操过程使用工具及物料分类摆放(3分) □1.2 清理、清洁：实操结束打扫工位(4分) □1.3 素养：耗用物料节约使用(3分) □1.4 安全：安全操作仪器设备(5分)	15		
2	能进行设备和工具安全检查（总分 10 分） □2.1 检查作业所需要的工具设备是否完备(2分) □2.2 检查作业环境是否配备灭火器(3分) □2.3 检查车辆配备是否完备(5分)	10		
3	注重商务礼仪（总分 10 分） □3.1 正确穿着佩戴胸牌、工服等(3分) □3.2 作业过程中与客户交谈语气、语速适中(3分) □3.3 正确做好个人卫生及形象(4分)	10		
4	能进行工具清洁校准存放操作（总分 10 分） □4.1 使用工具前检查工具、量具状态正常(2分) □4.2 使用工具后对工具、量具进行清洁(4分) □4.3 作业完成后对工具进行复位(4分)	10		
5	能进行工具准备及过程规范（总分 9 分） □5.1 检查设备工具状态是否正常(3分) □5.2 作业过程中工具不掉落(3分) □5.3 作业过程证件、资料不落地(3分)	9		
6	□团队协作能力(6分)	6		
7	□任务完成情况(30分)	30		
8	□课堂整体表现(10分)	10		
总评				

2020年××月××日，某修车工在作业时突发意外事故，落下终身残疾！

据知情人反馈，事故发生于某汽修厂。当时，28岁的黄先生在对一辆汽车进行底部维修时，只听"咔"的一声，悬空状态的汽车就下降，巨大的汽车重力冲向黄先生胸背部，将其死死压住。

工友见状后，立即用千斤顶将其救出，并拨打了120急救电话。在××市中心医院抢救过程中，医院查出黄先生的胸12骨折脱位并截瘫。医生表示，想要恢复健康几乎不可能了。

项目 3
发动机系统维护

项目描述

　　汽车发动机是汽车的心脏,为汽车提供行驶的动力。定期对发动机系统进行检查和保养,可以有效延长发动机零部件使用寿命,提升车辆动力性能,减少发动机系统故障的发生。作为一名合格的汽车维修技师,不但要学会对发动机系统进行检查,还应该具备根据检查结果给出合理的维护或维修建议,并且根据实际情况对建议实施的能力。除此之外,技师还应保持良好的工作习惯,精益求精的工作态度,这样才能保证发动机系统正常有效地运行。

项目内容

名称	周期(建议)		
	检查	清洁	更换
机油、机油滤清器	日常检查		5 km/半年
空气滤芯		5 km/半年	10 km/1 年
火花塞			30~50 km
冷却液	日常检查	每次保养时	40 km/2 年
燃油滤芯			40 km/2 年
正时皮带	日常检查	每次保养时	60~80 km
管路及线束	日常检查	每次保养时	

备注:由于车辆行驶环境、地域差异、驾驶习惯及车辆用品的品质不同,以上数据仅供参考,建议零部件的清洁和更换结合实际情况进行确定。

任务 3.1 更换机油和机油滤清器

王先生在某 4S 店购置了一辆迈腾 B8 车辆，行驶了 4 个月共 5 000 km，接到店内售后电话告知车辆需要保养，更换机油、机油滤清器。王先生不理解还没有半年车辆为何要进行机油的更换？更换机油为什么还需要更换机油滤清器。如果你是这家 4S 店的维修技师，你该如何给客户解释，并说服客户完成机油及机油滤清器的更换。

任务需要解决的问题

1. 机油为什么需要更换？更换的标准是什么？（重点）
2. 为什么更换机油必须更换机油滤清器？（重点）
3. 如何用浅显易懂的原理和客户进行沟通？（难点）
4. 能否独立完成机油及机油滤清器的更换？（重点、难点）

知识目标

1. 掌握发动机系统常见维护项目的周期；
2. 了解汽车发动机润滑油的选择方法；
3. 掌握机油检查的正确方法；
4. 掌握机油滤清器的正确安装方法。

能力目标

1. 能够独立完成发动机润滑系统的保养；
2. 能够针对不同车型选择正确的保养方法及配件；
3. 能够针对不同型号的配件选择合适的工具；
4. 能够在车辆保养完成后进行保养归零；
5. 能够根据车型、使用年限设置车辆保养周期；
6. 能够针对不同客户给出正确的保养方案。

素质目标

1. 养成良好的工作习惯；
2. 培养环保、节约、严谨、细致的工作态度；
3. 培养工作中发现问题及解决问题的能力。

3.1.1 认识发动机润滑系统

发动机工作时，由于各运动零件的工作条件不同，所要求的润滑强度不同，因而润滑方式也就不同。现代发动机采用压力润滑与飞溅润滑相结合的润滑方式。

(1)压力润滑：以一定的压力将润滑油输送到摩擦面间隙中，形成油膜润滑的方式。压力润滑主要用于承受载荷和相对运动速度较快的摩擦面，如主轴承、连杆轴承、凸轴、挺柱、偏心轮、连杆小头等。

(2)飞溅润滑：利用发动机工作时运动零件飞溅起来的油滴或油雾润滑摩擦表面的方式。飞溅润滑主要用于外露表面、载荷和相对运动速度较快的摩擦表面，如气缸、活塞销、凸轮、柱、偏心轮、连杆小头等。

现代发动机润滑系统(图 3-1)应包括以下装置：

(1)机油贮存装置，即油底壳。对于干式曲轴箱发动机则设有专用的机油箱，并没有建立油压的装置，即机油泵。

(2)机油引导、输送、分配装置，由部分油管和在发动机机体上加工出的油道组成。

(3)机油滤清装置，由机油集滤器、机油粗滤器和机油细滤器组成，用以滤除机油中的碎屑和胶质，保证润滑系统的正常工作。

(4)安全和限压装置，由限压阀、旁通阀等组成，用以控制油压和避免因机油粗滤器堵塞而使主油道的润滑面供给中断。

(5)油冷却装置，一般发动机靠汽车行驶中的迎面空气流吹拂油底壳来使机油冷却，保持润滑油油温在正常范围。一些热负荷较高的发动机则专门设有机油散热器，以加强机油的冷却。

(6)检查润滑系统工作的装置，由机油压力表或压力指示灯、机油温度表、机油标尺、机油传感器、蜂鸣器等组成。

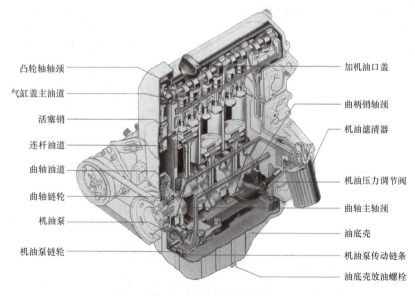

图 3-1 发动机润滑系统

>
>
> 理解并掌握发动机润滑系统的组成及作用，更有利于转化为浅显易懂的语言，能够使客户更容易理解润滑系统保养的重要性，使客户体会到维修人员的专业性，从而使一个普通客户转化为忠实客户。

3.1.2 润滑油的作用

发动机是汽车的心脏，发动机内有许多相互摩擦的金属表面。这些摩擦运动的速度快，环境差，温度可达 400～600 ℃，在这样恶劣的工况下，只有合格的润滑油才可降低发动机零件的磨损，延长其使用寿命。

发动机润滑油又叫作机油，汽油发动机和柴油发动机采用不同的润滑油进行发动机润滑。

（1）润滑减磨：活塞和汽缸之间、主轴和轴瓦之间均存在着快速的相对滑动，要防止零件过快磨损，则需要在两个滑动表面之间建立油膜。有足够厚度的油膜将相对滑动的零件表面隔开，从而达到减少磨损的目的。

（2）冷却降温：机油能够将零件的热量带回机油箱再散发至空气中，帮助水箱冷却发动机。

（3）清洗清洁：好的机油能够将发动机零件上的碳化物、油泥、磨损金属颗粒通过循环带回机油箱。通过润滑油的流动，冲洗零件工作面上产生的脏物。

（4）密封防漏：机油可以在活塞环与活塞之间形成一个密封圈，减少气体的泄漏和防止外界的污染物进入。

（5）防锈防蚀：润滑油能吸附在零件表面，防止水、空气、酸性物质及有害气体与零件的接触。

（6）减震缓冲：当发动机气缸口压力急剧上升，会突然加大活塞、活塞销、连杆和曲轴轴承上的负荷，这个负荷经过轴承的传递润滑，使承受的冲击负荷得到缓冲。

问题1：结合发动机机油的作用分析为什么机油要定期进行检查或更换？

_____
_____
_____
_____

3.1.3 润滑油的黏度

油膜是润滑油固有的特性，油膜的厚薄用黏度来表示。

黏度是指流体的内部阻力。润滑油黏度即通常所说的油的厚薄。黏度大则说明油厚；黏度小则表示油薄。

因此，正确的润滑油黏度是使发动机保持正常运转的最重要因素。油太厚，机油无法快速流动，则车辆在启动时零部件会因暂时缺油而造成磨损；油太薄，则会因润滑不足而加速机件的磨损。

黏度常用的单位是厘斯，通常是以国际标准在 40 ℃、100 ℃时数值表示的。黏度和温度存在着一定的关系，称之为黏温关系。

黏温关系是指机油的黏度随着温度的上升而减小，温度下降后黏度增大，而且在坐标图上呈直线变化的。

机油黏度随温度变化而改变的程度称为黏度指数。随着温度变化黏度变化大的机油其黏度指数较小，而随温度变化黏度变化小，则有较高的黏度指数，因此，在选择机油时应选择高黏度指数的机油，以减小温度变化对机油黏度造成的影响。

3.1.4 润滑油的规格和品质

润滑油主要是用"SAE"来表示其黏度等级，用"API"来表示品质的分类。

"SAE"是美国汽车工程师协会名称字母的缩写，通常发动机油的黏度等级按照"SAE"的标准分为 11 个等级，即 SAE 0W、SAE 5W、SAE 10W、SAE 15W、SAE 20W、SAE 25W、SAE 20、SAE 30、SAE 40、SAE 50、SAE 60。"SAE"后面的数字代表机油的黏度等级，数值越大表示黏度越高（注意：黏度等级和黏度不是同一定义）。黏度可以参照对应的黏度等级查找出来。如果在"SAE"后面的数值中有"W"，如 5W/30、10W/30、10W/40、15W/40、20W/50、25W/60，则表示有较好的低温启动性能，这种复式黏度机油在高温下，仍具有充分的黏度使发动机各运转部位得以充分润滑。

发动机机油黏度等级见表 3-1。

表 3-1 发动机机油黏度等级

SAE 黏度等级	低温动力黏度 /(mPa·s)	边界泵送温度 /℃	100 ℃运动黏度 /(mm²·s⁻¹)		高温高剪切黏度 /(mPa·s)(150 ℃，10^6 s⁻¹)
	不大于	不高于	不低于	不高于	不低于
0W	3 250(−30 ℃)	−40	3.8	—	—
5W	3 500(−25 ℃)	−35	3.8	—	—
10W	3 500(−20 ℃)	−30	4.1	—	—
15W	3 500(−15 ℃)	−25	5.6	—	—
20W	4 500(−10 ℃)	−20	5.6	—	—
25W	6 000(−5 ℃)	−15	9.3	—	—
20	—	—	5.6	<9.3	2.6
30	—	—	9.3	<12.5	2.9
40	—	—	12.5	<16.3	2.9
40	—	—	12.5	<16.3	3.7
50	—	—	16.3	<21.9	3.7
60	—	—	21.9	<26.1	3.7

问题 2：结合当地的气候条件、温度变化写出当地适用的机油品种。

3.1.5 发动机润滑油滤清器

发动机润滑油滤清器又称为机油滤清器，主要作用是滤除机油中的金属碎屑和各种杂质。发动机经过一段时间的使用后，机油滤清器滤芯上会聚集很多的油污和金属碎屑，堵塞滤清器，影响润滑系统的正常工作，所以，在更换发动机机油时必须同时更换机油滤清器。发动机机油滤清器的结构如图 3-2 所示。

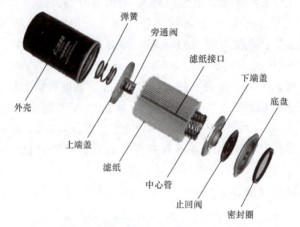

图 3-2　发动机机油滤清器的结构

汽车生产厂家一般都会规定发动机润滑油及机油滤清器的更换时间和里程，时间和里程以先到者为保养依据。更换发动机润滑油和发动机机油滤清器必须执行厂家的规定或提早。

问题 3：是不是只要更换机油就必须更换机油滤清器？为什么？

3.1.6 发动机润滑油液面及品质检查

首先把车辆停放在水平地面上，然后关闭发动机，耐心等待一段时间。取出机油尺并擦净油迹，再插入机油尺导孔，然后拔出查看（图 3-3）。油位在上下刻线之间，即为合适，如图 3-4 所示。如果超出上刻线，则应放出多余的机油；如果低于下刻线，则应从加油口处添加机油。

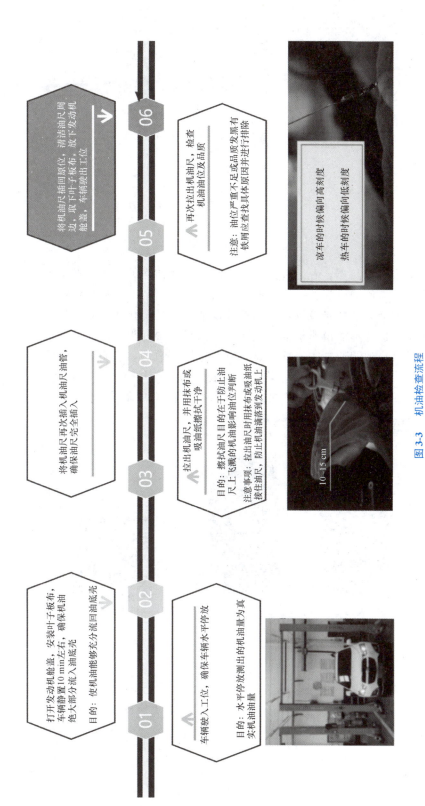

图3-3 机油检查流程

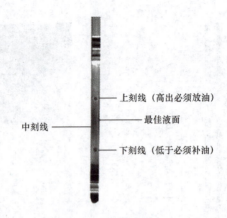

图 3-4　机油液面检查

此外，应检查机油品质，看是否需要更换。取两片洁净的白纸，在纸上分别滴下同种新机油和正在使用的机油各一滴，取机油时要注意清洁。如果在使用的机油中间黑点里有较多的硬沥青质及炭粒等，表明机油滤清器的滤清作用不良，这说明需要更换机油滤清器了，但并不能说明机油已变质；如果机油中间黑点较小且颜色较浅，周围的黄色痕迹较大，油迹的界线不很明显而且是逐渐扩散的，说明机油仍可以继续使用；如果黑点较大，且油是黑褐色，均匀无颗粒，黑点与周围的黄色油迹界限清晰，则说明机油已变质，应及时更换。不同品质的机油如图 3-5 所示。

图 3-5　不同品质的机油

机油的检查

注意：（1）检查机油时车辆必须水平放置；
（2）机油尺在插回发动机时每次必须插到底；
（3）做好车辆防护工作，防止机油滴落到发动机及车身上。

问题 4：既然车辆已经到了保养时间或里程数，就要更换机油了，那还需要对机油的量及品质进行检查吗？为什么？

任务实施

1. 实训注意事项

(1) 注意着装要求,不得穿高跟鞋、拖鞋、短裤等不符合规定的服装进入实训室。

(2) 进入实训场地不得打闹,不得借用工具进行玩耍。

(3) 进入实训场地,未经指导教师允许,不得动用整车。

(4) 实训时,严格按照指导教师要求进行实践操作。

(5) 举升车辆前应确定支撑位置正确,支撑牢靠。

(6) 车辆举升至指定高度后,确定锁止后方可进入车辆底部。

(7) 实习结束,降下车辆前,清洁车辆下部实训区域,并确保彻底无人后方可举升解锁。

(8) 实习结束,对实训设备、场地进行7S管理。

2. 设备/工量具/耗材

(1) 设备:整车。

(2) 耗材:三件套、叶子板布、机滤扳手、机油1桶(4 L装)、机油滤清器1个、抹布、吸油纸等。

3. 更换机油、机油滤清器

更换机油、机油滤清器操作步骤见表3-2。

车内三件套的安放

机油的检查

更换机油滤清器

表3-2 更换机油、机油滤清器操作步骤

更换机油、机油滤清器				
工序	工作内容	图例/视频		特殊说明
1	安装车内三件套,车辆驶入工位,拉起驻车制动,并将挡位放置空挡或者P挡,安放车轮挡块			

续表

工序	工作内容	图例/视频	特殊说明
	更换机油、机油滤清器		
2	打开机舱盖，安装叶子板布		注意：工作前取下身上所有的金属及坚硬物质，如戒指、钥匙扣等
3	检查机油液面高度及品质		如果油位过低，应先检查导致油位过低的原因
4	启动发动机，热车 10 min 左右后熄火		
5	打开机油加注口盖		加注口打开后可将抹布放在加油口上面，防止灰尘进入
6	将举升臂及衬垫对准汽车上的各支撑点		注意不同车辆支撑点可能不同
7	将汽车升起，在车轮即将离开地面时再次检查举升机衬垫的支撑情况；举起车后将举升机安全锁止		举升过程中所有人员禁止进入车底

续表

| \multicolumn{4}{c}{更换机油、机油滤清器} |
工序	工作内容	图例/视频	特殊说明
8	拧松发动机放油塞，用容器接好，松开放油塞	逆时针卸下油底壳放油螺栓	注意选择合适的工具
9	观察机油是否变质或有金属铁屑，否则应查明原因及时处理		
10	拆下机油滤清器		注意选择合适的机滤扳手
11	用抹布清洁机油滤清器底座		
12	选择与厂家指定规格型号相同的机油滤清器		注意机油滤清器的选用

续表

工序	工作内容	图例/视频	特殊说明
13	检查机油滤清器上的密封圈，应无翘曲变形现象		
14	在新的机油滤清器的密封圈上涂抹机油，并向机油滤清器内注满机油		均匀涂抹润滑油
15	安装机油滤清器，用手拧紧后再用专用机油滤清器扳手拧一圈半至两圈	将新滤芯旋入机油滤清器安装孔	注意按照维修手册进行安装，防止导致螺纹损坏
16	油底壳机油放净后，清洁放油口及放油塞后拧紧螺栓		
17	放下举升机		

续表

更换机油机滤			
工序	工作内容	图例/视频	特殊说明
18	根据季节及厂家要求选择相应级别的机油，并按标准油量加注新机油，装回加油盖		
19	在机油全部流入油底壳后，观察机油尺油位，机油应加到机油尺的上刻线位置		
20	启动发动机，检查机油滤清器、放油塞等部位是否有漏油现象		
21	启动发动使其达到正常工作温度，熄火		
22	等待几分钟，待机油全部流回油底壳后重新检查机油油位，如有必要添加机油		

项目 3 发动机系统维护

053

续表

工序	工作内容	图例/视频	特殊说明
	更换机油、机油滤清器		
23	取下叶子板布，放下机舱盖支撑杆，在机舱盖距离下锁体 30～40 cm 时放下机舱盖		
24	拆下三件套，取出举升臂，车辆驶离工位，清洁工位		

注意：在整个操作过程中要做到"三不落地、四清爽"。

1. 发动机机油的检查项目有哪些？

2. 更换机油滤芯应该注意哪些问题？

3. 既然已经决定更换机油了，为何还要检查机油品质及油量？

4. 在任务实施过程中，自身素质及企业素养得到了哪些提升？

更换机油和机油滤清器				
序号	内容	配分	扣分	备注
1	能进行工位 8S 操作(总分 15 分) □1.1 整理、整顿：实操过程使用工具及物料分类摆放(3 分) □1.2 清理、清洁：实操结束打扫工位(3 分) □1.3 素养：耗用物料节约使用(4 分) □1.4 安全：安全操作仪器设备(5 分)	15		
2	能进行设备和工具安全检查(总分 10 分) □2.1 检查作业所需要的工具设备是否完备(2 分) □2.2 检查作业环境是否配备灭火器(3 分) □2.3 检查车辆配备是否完备(5 分)	10		
3	注重商务礼仪(总分 10 分) □3.1 正确穿着佩戴胸牌、工服等(3 分) □3.2 作业过程中与客户交谈语气、语速适中(3 分) □3.3 正确做好个人卫生及形象(4 分)	10		
4	能进行工具清洁校准存放操作(总分 10 分) □4.1 使用工具前检查工具、量具状态正常(2 分) □4.2 使用工具后对工具、量具进行清洁(4 分) □4.3 作业完成后对工具进行复位(4 分)	10		
5	能进行工具准备及过程规范(总分 9 分) □5.1 检查设备工具状态是否正常(3 分) □5.2 作业过程中工具不掉落(3 分) □5.3 作业过程证件、资料不落地(3 分)	9		
6	□团队协作能力(6 分)	6		
7	□任务完成情况(30 分)	30		
8	□课堂整体表现(10 分)	10		
总评				

故障现象：一辆 2010 款奔驰 E200CGI，底盘号为 WDD212048×××××××××，发动机号为 271860×××，行驶里程为 7 200 km。用户反映第一次更换完机油后不久就发现发动机故障灯亮。经检查导致故障的原因为更换的新机油滤芯与车型不匹配，更换原厂滤芯后车辆故障排除。

思考：导致机油滤芯更换错误的原因是什么？

任务 3.2　清洁或更换空气滤芯

王先生在某 4S 店购置了一辆迈腾 B8 车辆，行驶了 2 个月共 15 000 km，接到店内售后人员电话告知车辆需要保养，检查清洁空气滤芯，王先生不理解空气滤芯对车辆会有哪些影响？为什么每次都需要拆开检查？如果你是这家店的维修技师，你该如何给客户解释？说服王先生完成空气滤芯的更换。

任务需要解决的问题

1. 空气滤芯为什么需要检查？检查的标准是什么？（重点）
2. 空气滤芯在什么程度下需要更换？（重点）
3. 如何用浅显易懂的原理和客户进行沟通？（难点）
4. 能否独立完成空气滤芯的更换？（重点、难点）

知识目标

1. 掌握发动机进气系统常见维护项目的周期；
2. 了解汽车空气滤芯的选择方法；
3. 掌握空气滤芯检查的正确方法；
4. 掌握空气滤清器的正确安装方法。

能力目标

1. 能够独立完成发动机进气系统的保养；
2. 能够针对不同车型选择正确的保养方法及配件；
3. 能够针对不同型号的配件选择合适的工具；
4. 能够根据不同的车型正确选择空气滤芯。

素质目标

1. 养成良好的工作习惯；
2. 培养环保、节约、严谨、细致的工作态度；

3. 培养工作中发现问题及解决问题的能力；
4. 养成正确的工作方法。

空气滤芯的作用，简单来讲是滤除空气中微粒杂质的装置。因为发动机在工作时需要大量地吸入外界空气，通过空气滤芯的过滤作用将空气中的"可吸入颗粒"滤除，之后进入（进气道内）气缸与汽油混合燃烧。如果空气滤芯起不到应有的过滤作用，那么空气中较大的颗粒就会进入发动机内燃烧，久而久之就会造成各种各样的故障，导致气缸磨损严重，造成缸压不足，从而使发动机启动困难甚至无法启动。其中最为严重的故障就是拉缸。

发动机空气滤清器安装在发动机进气道上，不同车辆安装方法略有不同，如图3-6所示。

图 3-6　空气滤清器

> **小贴士**
> 正确理解空气滤清器的作用及其对车辆造成的影响，可以更加简明扼要地与客户进行空气滤清器清洁或者更换项目的介绍，用视觉效果让客户去感知空气滤清器是否需要进行更换，这样更容易让客户接受，有利于项目的推广。

1. 实训注意事项

（1）不准赤脚或穿拖鞋、高跟鞋和裙子上课，留长发者要戴工作帽。
（2）进入实训场地不得打闹，不得携带零食进入实训中心。
（3）进入实训场地，未经指导教师允许，不得动用整车及台架。
（4）吹尘枪属于危险设备，使用前应请示指导教师。
（5）禁止未经指导教师许可启动车辆。
（6）实习结束，整理清洁工具和场地。

2. 设备/工量具/耗材

(1)设备：整车、吹尘枪。

(2)耗材：三件套、叶子板布、空气滤清器、干净抹布。

3. 空气滤清器的检查和更换

(1)车辆驶入工位，拉起驻车制动，将挡位挂入空挡或P挡。

(2)铺设叶子板布。

(3)取下空气滤清器上的护板，分离空气滤清器盖上的线路和管路。

(4)掰开空气滤清器罩上的卡口(或拧开螺栓)，如图3-7所示。

注意：部分空气滤清器卡扣需要取下，防止掉落。

(5)将空气滤清器罩和护罩分开，取出空气滤清器，如图3-8所示。

图3-7　松开卡子

图3-8　空气滤清器罩和护罩

(6)检查空气滤清器是否脏污，如果脏污不严重，则只需用吹尘枪从空气滤清器反面吹干净即可，如图3-9所示，如果脏污严重，则需要更换空气滤清器。

图3-9　清洁空气滤清器

问题1：清洁空气滤清器应该注意什么？

(7)使用吹尘枪或抹布清洁空气滤清器壳体,如图 3-10 所示。

图 3-10　清洁空气滤清器壳体

注意:清洁靠近节气门位置时,应用干净的抹布护住进气口。

(8)检查空气滤清器壳体是否损坏。

(9)安装清洁后的(或更换新的)空气滤清器,并锁紧卡扣。

问题 2:空气滤芯如果进水应该如何进行处理?

_____

_____

_____

_____

注意:(1)空气滤清器的清洁方向(按进气的反方向进行清洁)。

(2)空气滤清器的安装方向。不正确的安装可能导致进气系统漏气,或者无法起到过滤空气的作用。

1. 发动机空气滤芯的检查项目有哪些?

空气滤芯的检查

2. 更换空气滤芯应该注意哪些问题?

3. 如果长期不更换空气滤芯会对汽车发动机造成哪些影响?

更换空气滤芯				
序号	内容	配分	扣分	备注
1	能进行工位 8S 操作（总分 15 分） □1.1 整理、整顿：实操过程使用工具及物料分类摆放（3 分） □1.2 清理、清洁：实操结束打扫工位（4 分） □1.3 素养：耗用物料节约使用（3 分） □1.4 安全：安全操作仪器设备（5 分）	15		
2	能进行设备和工具安全检查（总分 10 分） □2.1 检查作业所需要的工具设备是否完备（2 分） □2.2 检查作业环境是否配备灭火器（3 分） □2.3 检查车辆配备是否完备（5 分）	10		
3	注重商务礼仪（总分 10 分） □3.1 正确穿着佩戴胸牌、工服等（3 分） □3.2 作业过程中与客户交谈语气、语速适中（3 分） □3.3 正确做好个人卫生及形象（4 分）	10		
4	能进行工具清洁校准存放操作（总分 10 分） □4.1 使用工具前检查工具、量具状态正常（2 分） □4.2 使用工具后对工具、量具进行清洁（4 分） □4.3 作业完成后对工具进行复位（4 分）	10		
5	能进行工具准备及过程规范（总分 9 分） □5.1 检查设备工具状态是否正常（3 分） □5.2 作业过程中工具不掉落（3 分） □5.3 作业过程证件、资料不落地（3 分）	9		
6	□团队协作能力（6 分）	6		
7	□任务完成情况（30 分）	30		
8	□课堂整体表现（10 分）	10		
总评				

空气滤清器和空调滤清器的区别：

（1）服务对象不同。空气滤清器主要服务于发动机，负责过滤进入发动机的自然空气，减少污染物对发动机的影响；空调滤清器则服务于汽车空调系统，负责过滤进入车内的空气，提供清洁的驾驶环境。

（2）安装位置不同。空气滤清器位于发动机舱内，通常在发动机的右侧，有一个盒子管道连接着发动机，里面装的就是空气滤清器；空调滤清器则位于副驾驶手套箱内或仪表盘下方等位置。

（3）功能不同。空气滤清器的主要功能是过滤空气中的灰尘颗粒，为发动机燃烧室提供清洁的空气，保护发动机；空调滤清器主要负责过滤通过空调进入车内的空气，过滤灰尘、花粉等杂质，提高空气质量，保护车内驾乘人员。

（4）更换周期不同。空气滤清器的更换周期通常在汽车行驶 5 000～10 000 km；空调滤清器的更换周期则通常在汽车行驶 10 000～20 000 km。

任务 3.3　检查、更换火花塞

王先生在某 4S 店购置了一辆迈腾 B8 车辆，行驶了 3 年共 60 000 km，近期发现车辆启动困难，并且发动机动力性能下降。王先生将车辆开进了 4S 店，经维修技师检查车辆的火花塞，发现积炭严重，作为一名服务顾问，你应该如何给客户解释该故障发生的原因？并如何说服客户更换火花塞？

任务需要解决的问题

1. 火花塞为什么需要更换？更换的标准是什么？（重点）
2. 为什么要定期对火花塞进行检查？（重点）
3. 如何用浅显易懂的原理和客户进行沟通？（难点）
4. 能否独立完成火花塞的更换？（重点、难点）

知识目标

1. 掌握发动机点火系统常见维护项目的周期；
2. 了解汽车发动机火花塞的选择方法；
3. 掌握正确检查火花塞的方法；
4. 掌握火花塞的正确安装方法。

能力目标

1. 能够独立完成发动机点火系统的保养；
2. 能够针对不同车型选择正确的保养方法及配件；
3. 能够针对不同型号的配件选择合适的工具；
4. 能够正确使用火花塞拆装专用工具；
5. 能够正确使用火花塞间隙规；
6. 能够针对不同客户给出正确的保养方案。

素质目标

1. 养成良好的工作习惯；
2. 培养环保、节约、严谨、细致的工作态度；
3. 培养工作中发现问题及解决问题的能力。

3.3.1 火花塞简介

火花塞俗称火嘴，作用是把高压导线（火嘴线）送来的脉冲高压电放出，击穿火花塞两电极之间的空气，产生电火花以引燃气缸内的混合气体。

火花塞安装在发动机的侧面或顶部，早期的火花塞靠缸线与分电器连接。近年来，小汽车上的发动机基本采用点火线圈与火花塞直接相连接。火花塞的工作电压至少为 10 000 V，高压电由点火线圈从 12 V 电生成，然后传递给火花塞。火花塞的结构及安装位置如图 3-11 所示。

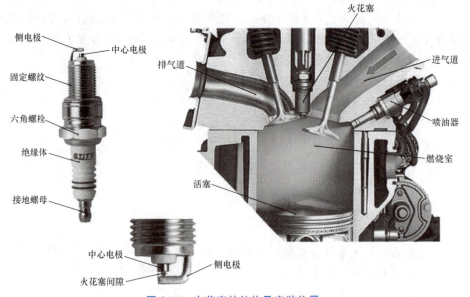

图 3-11 火花塞的结构及安装位置

3.3.2 火花塞的选用

火花塞按材质可分为镍合金火花塞、铂金火花塞和铱金火花塞等(图 3-12);按外形可分为标准型火花塞、细电极型火花塞、绝缘体凸出型火花塞、锥座型火花塞、沿面跳火型火花塞;按照热值可分为冷型火花塞和热型火花塞(极燃铱金火花塞,省油耗 10% 以上,汽车油耗方面比较好)。

火花塞必须与发动机匹配使用,不能混用或通用。火花塞的裙部长度较短的称为冷型火花塞,适用于高速高压缩比的大功率发动机;裙部较长的称为热型火花塞,适用于中低速低压缩比的小功率发动机。

图 3-12 火花塞类型

(a)普通镍合金;(b)铂金;(c)铱金;(d)双铂金;(e)铱铂金;(f)针对针铱铂金;(g)钌合金

在选择火花塞时,必须保证旧火花塞与新火花塞的尺寸一致。火花塞的尺寸会印在裙部陶瓷绝缘体上,应保证新老火花塞的尺寸数字和字母一致。

> **小贴士**
>
> 正确选用火花塞可以有效地提高发动机的工作效率,延长火花塞的使用寿命。选用不合适的火花塞可能导致火花塞出现"爬电"现象,造成发动机异常抖动。

3.3.3 火花塞拆装专用工具

火花塞专用套筒与普通套筒有明显的区别,首先是外观上的区别,普通套筒呈圆柱形,而火花塞专用套筒有一端呈六边形;其次普通套筒内部无橡胶软圈,而火花塞专用套筒为了防止在拆装火花塞时造成火花塞陶瓷部分损坏,会在套筒内部装有橡胶软圈,如图 3-13 所示。

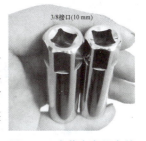

图 3-13 火花塞专用套筒

> **小贴士**
>
> 在使用火花塞专用套筒时,首先应检查火花塞专用套筒中的橡胶软圈是否损坏,如果损坏请及时更换完好的火花塞专用套筒,防止在拆装火花塞时造成火花塞陶瓷部分损坏。

3.3.4 火花塞的检查

火花塞电极的正常颜色为灰白色,如果电极烧黑并附有积炭,则说明存在故障。检查时可将火花塞与缸体导通,用中央高压线触接火花塞的接线柱,然后打开点火开关,观察高压电跳位置。如电跳位置在火花塞间隙外,则说明火花塞作用良好;否则,需要更换火花塞。火花塞损伤对比如图 3-14 所示。

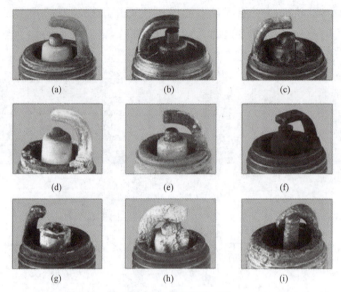

图 3-14 火花塞损伤对比

(a)正常使用;(b)油污潮湿;(c)绝缘体破损;(d)过热燃烧;(e)铅污染;
(f)碳粉熏黑;(g)炽热燃烧;(h)过多积炭;(i)外力破坏

火花塞电极间隙的调整:各种车型的火花塞间隙均有差异,一般应为 0.7～0.9 mm。检查火花塞电极间隙的大小,可用火花塞量规或薄的金属片进行。如间隙过大,可用起子柄轻轻敲打外电极,使其间隙正常;如间隙过小,则可利用起子或金属片插入电极向外扳动。火花塞间隙测量及调整如图 3-15 所示。

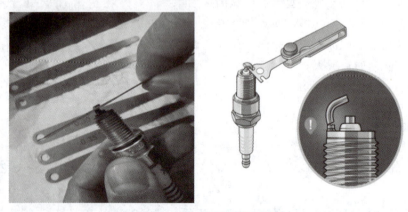

图 3-15 火花塞间隙测量及调整

问题 1：火花塞形成积炭的原因有哪些？

_____
_____
_____
_____

任务实施

1. 实训注意事项
（1）不准赤脚或穿拖鞋、高跟鞋和裙子上课，留长发者要佩戴工作帽。
（2）进入实训场地不得打闹，不得携带零食进入实训中心。
（3）进入实训场地，未经指导教师允许，不得动用整车及台架。
（4）防止工具、杂质等进入气缸。
（5）禁止未经指导教师许可启动车辆。
（6）实习结束，整理清洁工具和场地。

2. 设备/工量具/耗材
（1）设备：整车、火花塞拆装工具。
（2）耗材：三件套、叶子板布、火花塞、干净抹布、火花塞间隙规。

3. 火花塞的检查和更换（以 2015 款科鲁兹为例）
（1）将车辆水平停放，挡位放置在 P 挡，拉起驻车制动。
（2）安放车轮挡块及叶子板布。
（3）解锁发动机舱盖并打开发动机舱盖。
（4）用高压气枪清理发动机舱灰尘。
（5）用六角梅花扳手旋下螺钉，再拧开机油盖，然后用力向上提，取下发动机罩盖，如图 3-16 所示。

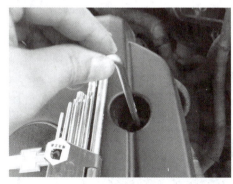 

图 3-16　拆卸发动机罩盖

（6）用刷子把高压包附近灰尘清理干净。由于火花塞深处在洞口里，灰尘容易落入气缸内，因此在拆卸点火线圈之前，需要清理高压包附近的灰尘，如图 3-17 所示。

（7）清理干净后，拧开点火线圈上的固定螺栓，如图3-18所示。

（8）用力拔出高压包，如图3-19所示。为了防止线路被扯断，可先拔下高压包插接插头。

（9）将高压包按照缸号放置在工作台上，用火花塞专用拆装工具拆卸火花塞，如图3-20所示。拆下的火花塞按照缸体顺序摆放。

（10）检查火花塞，包括积炭、变形、破损等，如图3-21所示。

图3-17 清理高压包

图3-18 拧松并取下点火线圈固定螺栓

图3-19 拔出高压包

图3-20 拆卸火花塞

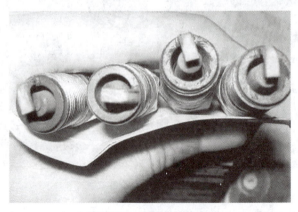

图3-21 火花塞的检查

问题 2：在哪些情况下火花塞已不能继续使用？

_____

_____

_____

_____

(11)确保火花塞可以继续使用或更换新的火花塞，然后进行安装（图 3-22）。安装时可以在火花塞螺纹上涂抹一点机油，不仅可以保护缸盖，还能使下次拆卸更省力。此外，新的火花塞切不可直接丢进安装孔内，而是应该先将火花塞吸进套筒，然后轻轻放进火花塞安装孔内，再用手轻轻顺时针旋转几圈，最后用扭力扳手将火花塞拧至规定扭矩。按照标准要求，规定扭矩一般为 23 N•m。

图 3-22 安装火花塞

(12)插紧高压包插接头，如图 3-23 所示。

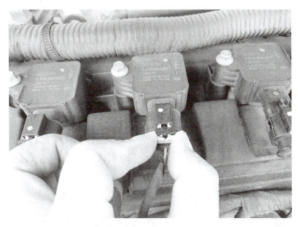

图 3-23 安装包插接头

(13)安装发动机罩盖，并将固定螺栓拧至规定力矩。
(14)启动车辆，查看车辆工作是否正常。若车辆工作正常，则整理工具，取下叶子板布，场地进行7S管理；若发动机工作异常，则应查找异常原因并排除。

(15) 火花塞检查更换完成。

问题3：如果长期不检查并更换火花塞，对车辆会有哪些影响？

_____

_____

_____

注意：在准备更换火花塞前，车辆要熄火冷却一定的时间后再开始进行更换。

应注意整个操作的清洁情况，一定要擦除点火线圈周围的灰尘油污，如果灰尘油污进入燃烧室内，会产生严重不良影响。尽量戴上手套操作。

检查及更换火花塞

拧紧所有螺栓的时候，要力度均匀、直上直下，以免螺口破裂。

火花塞安装完成后，应检查点火线圈接线，打火试车。

火花塞的更换周期：火花塞属易消耗件，普通火花塞一般行驶 20 000～30 000 km 即应更换。火花塞更换的标志是不跳火，或电极放电部分因烧蚀而呈圆形。另外，如在使用中发现火花塞经常积炭、断火，一般是因为火花塞太冷，需换用热型火花塞；若有炽热点火现象或气缸中发出冲击声，则需选用冷型火花塞。

任务反思

1. 火花塞的检查项目有哪些？

2. 更换火花塞应该注意哪些问题？

3. 如果火花塞由于烧蚀造成侧电极断裂，则会对发动机造成哪些影响？

4. 火花塞及点火线圈拆卸后为何要按照顺序摆放？

5. 在任务实施过程中自身素质及企业素养得到了哪些提升？

检查、更换火花塞					
序号	内容	配分	扣分	备注
1	能进行工位 8S 操作(总分 15 分) □1.1 整理、整顿：实操过程使用工具及物料分类摆放(3 分) □1.2 清理、清洁：实操结束打扫工位(4 分) □1.3 素养：耗用物料节约使用(3 分) □1.4 安全：安全操作仪器设备(5 分)	15		
2	能进行设备和工具安全检查(总分 10 分) □2.1 检查作业所需要的工具设备是否完备(2 分) □2.2 检查作业环境是否配备灭火器(3 分) □2.3 检查车辆配备是否完备(5 分)	10		
3	注重商务礼仪(总分 10 分) □3.1 正确穿着佩戴胸牌、工服等(3 分) □3.2 作业过程中与客户交谈语气、语速适中(3 分) □3.3 正确做好个人卫生及形象(4 分)	10		
4	能进行工具清洁校准存放操作(总分 10 分) □4.1 使用工具前检查工具、量具状态正常(2 分) □4.2 使用工具后对工具、量具进行清洁(4 分) □4.3 作业完成后对工具进行复位(4 分)	10		
5	能进行工具准备及过程规范(总分 9 分) □5.1 检查设备工具状态是否正常(3 分) □5.2 作业过程中工具不掉落(3 分) □5.3 作业过程证件、资料不落地(3 分)	9		
6	□团队协作能力(6 分)	6		
7	□任务完成情况(30 分)	30		
8	□课堂整体表现(10 分)	10		
总评				

火花塞电极断裂、陶瓷破损的原因：

火花塞是汽车保养中一个重要的小备件，其更换周期根据材质和形式不同而不同。火花塞常常会出现一些损坏情况，如侧极断裂、中心电极脱落、绝缘瓷片开裂等。那么，火花塞中心电极脱落、断裂的原因是什么呢？

第一，保养更换火花塞时拧紧力矩过大，使火花塞内部组件松动。第二，火花塞质量问题或长时间未按时进行更换也会影响其使用寿命。第三，火花间隙调整不当也会影响火花塞的工作效果。如果间隙太小，不仅限制了火花与混合气体的接触面积，还会因为电极的"消焰"作用而抑制火焰核的成长，即使跳火，火花也会比较微弱，导致混合气体着火困难；如果间隙过大，点火系统提供的点火电压可能不足，无法跳火。最后，火花塞电极长时间受电火花的电蚀或燃烧气体的化学腐蚀，会导致电极断损脱落而无法跳火。这些因素都可能导致火花塞中心电极脱落、断裂。

那么，火花塞中心电极不正能使用吗？答案是否定的。因为火花塞点火是靠中心电极和侧电极通电产生的火花来点燃混合气体的。如果电极偏了，点火的速度会受到影响，从而导致汽油浪费，同时，还会造成火花塞积炭，影响车辆的正常行驶。因此，及时更换和定期检查火花塞是非常重要的。

任务 3.4　检查、更换冷却液

王先生在某 4S 店购置了一辆迈腾 B8 车辆，行驶了 4 年共 80 000 km，接到店内售后服务人员的电话告知车辆需要保养，检查更换冷却液，王先生不理解冷却液对车辆会有哪些影响？为什么每次都需要拆开检查？如果你是这家店的维修技师，你该如何给王先生进行解释？并说服王先生完成冷却液的更换。

任务需要解决的问题

1. 冷却液为什么需要检查？检查的标准是什么？（重点）
2. 冷却液在什么程度下需要更换？（重点）
3. 如何用浅显易懂的原理和客户进行沟通？（难点）
4. 能否独立完成冷却液的更换？（重点、难点）

知识目标

1. 掌握发动机冷却系统常见维护项目的周期；
2. 了解汽车冷却液的选择方法；

3. 掌握冷却液检查的正确方法；
4. 掌握冷却液正确的更换步骤。

能力目标

1. 能够独立完成发动机冷却系统的保养；
2. 能够针对不同车型选择正确的保养方法及配件；
3. 能够针对不同型号的配件选择合适的工具；
4. 能够根据不同的车型正确选择冷却液。

素质目标

1. 养成良好的工作习惯；
2. 培养环保、节约、严谨、细致的工作态度；
3. 培养工作中发现问题及解决问题的能力；
4. 养成正确的工作方法。

冷却液由水、防冻剂、添加剂三部分组成。按防冻剂成分不同可分为酒精型、甘油型、乙二醇型等类型。酒精型冷却液是用乙醇（俗称酒精）作防冻剂，价格低，流动性好，配制工艺简单，但沸点较低、易蒸发损失、冰点易升高、易燃等，现已逐渐被淘汰；甘油型冷却液的沸点高、挥发性小、不易着火、无毒、腐蚀性小，但降低冰点效果不佳、成本高、价格高，用户难以接受，只有少数北欧国家仍在使用；乙二醇型冷却液是用乙二醇作为防冻剂，并添加少量抗泡沫、防腐蚀等综合添加剂配制而成的。由于乙二醇易溶于水，因而可以任意配制各种冰点的冷却液，其最低冰点可达－68 ℃，乙二醇型冷却液具有沸点高、泡沫倾向低、黏温性能好、防腐和防垢等特点，是一种较为理想的冷却液，目前国内外发动机所使用的和市场上所出售的冷却液几乎都是乙二醇型冷却液。

冷却液具有以下用途。

1. 带走发动机多余热量

由于发动机工作温度相对较高，过高的工作温度会降低发动机的输出功率，为了保证发动机能够在正常的工作温度范围内工作，冷却液在发动机缸体水道中循环会带走发动机多余的热量。

2. 冷却液可以防垢

用水作为冷却液最让司机头疼的就是水垢问题，水垢附着在水箱、水套的金属表面，使散热效果越来越差，而且清除起来也很困难。优质的冷却液采用蒸馏水制造，并加有防垢添加剂，不但不生水垢还具有除垢功能。

3. 防腐蚀

发动机及其冷却系统是金属制造的，有铜、铁、铝、钢还有焊锡。这些金属在高温下与水接触，时间长了都会被腐蚀，会生锈。而冷却液不仅不会对发动机及其冷却系统造成腐蚀，还具有防腐和除锈功能。

4. 防冻结

冬季气温低，为使汽车在冬季低温下仍能继续使用，发动机冷却液都加入了一些能够降低水冰点的物质作为防冻剂，保持在低温天气时冷却系统不冻结。

冷却液使用注意事项如下：

（1）正确使用冷却液，可起到防腐蚀、防锈蚀渗漏、防散热器开锅、防水垢和防冻结等作用，能够使冷却系统始终处于最佳的工作状态，保证发动机的正常工作温度。如果不正确使用冷却液，将严重影响发动机的正常工作性能和寿命，因此，应特别注意要坚持常年使用冷却液。

（2）对于传统发动机，能够保证发动机正常工作的冷却液温度值为80～90 ℃，但对于电控发动机，由于其高转速、高压缩比和高功率的工作特点，其机械负荷及热负荷较大，摩擦热较高，因而对冷却液正常工作温度的要求已提高到95～105 ℃。这与人们形成的传统发动机冷却水"正常水温"观点不同，需要人们转变认识观念。而且要注意冷却液使用的连续性，那种只想在冬季使用的观点是错误的，只知道冷却液的防冻功能，而忽视了冷却液的防腐、防沸、防垢等作用。

（3）应正确选用冷却液，其冰点要低于环境最低温度10 ℃左右。汽车配件市场上的冷却液种类多，有些"冷却液"实际上只是"防冻液"，大多使用乙醇和水混合后添加色素制成，其内无任何冷却液应该具有的添加剂，其沸点在90 ℃左右，腐蚀性较强，易导致发动机过热现象的发生。

问题1：发动机冷却系统由哪些零部件组成？

_____
_____
_____

问题2：什么是发动机冷却系统的大小循环？

_____
_____
_____
_____

1. 实训注意事项

（1）上课时，不准赤脚或穿拖鞋、高跟鞋和裙子，留长发者要佩戴工作帽。

（2）进入实训场地不得打闹，不得携带零食进入实训中心。

（3）进入实训场地，未经指导教师允许，不得动用整车及台架。

（4）实训时，未经指导教师批准，不准进入车内，防止误操作引发事故。

(5)实习结束，清洁车辆下部实训区域。

(6)实习结束，整理清洁工具和场地。

2. 设备/工量具/耗材

(1)设备：整车。

(2)耗材：三件套、叶子板布、冷却液冰点检测仪、冷却液一桶、抹布。

3. 冷却液液面高度检查

在塑料冷却液储液箱的侧位可看到冷却液液面高度，如图3-24所示。当发动机冷却时，冷却液液面应位于"max"和"min"线之间。如果液面低于"min"线，则应添加冷却液使液面高度达到"max"和"min"线之间。若添加冷却液后液面还未能达到正确高度，则应检查冷却液是否泄漏。

图3-24　冷却液液面高度

问题3：冷却液液面过高或过低会对发动机造成哪些影响？

问题4：如果冷却液储液罐由于时间太久，致使颜色变深，则如何从外部判断冷却液液面高度？

4. 冷却液冰点检查

使用冰点检测仪(图3-25)测量汽车冷却液的冰点,是否符合当地冬季低温使用要求。若冷却液冰点过高,则说明冷却液已经过期失效,需要更换发动机冷却液。

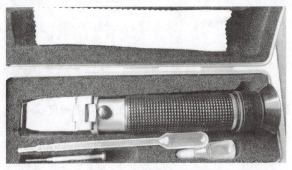

图3-25 冰点检测仪

冷却液的检查

问题5:冷却液冰点高于当地最低环境温度可能会对车辆造成哪些影响?

_____

_____

_____

冷却液冰点检查操作过程如下:

(1)将车辆驶入工位,挡位放置在P挡或空挡,拉起驻车制动(或踩下驻车制动踏板或按下驻车制动按钮),安装车轮挡块,接排气烟道。

(2)安装车内三件套(方向盘套、座椅套、脚垫)。

(3)降下驾驶员侧车窗玻璃,拉发动机舱盖释放杆。

(4)打开发动机舱盖,安装叶子板布和前格栅布,如图3-26所示。

图3-26 安装叶子板布

(5)检查冷却液液位是否处于规定的范围之内,如图3-27所示。

(6)取出冰点检测仪并进行清洁。

(7)用蒸馏水对冰点检测仪进行校正,如图 3-28 所示。

图 3-27　冷却液液面位置

图 3-28　冰点检测仪校正

(8)打开冷却液储液箱箱盖。
(9)用塑料吸管取出少量冷却液,滴 1~2 滴冷却液在冰点检测仪的检测位置。
(10)测量冷却液冰点,读出数值并记录,如图 3-29、图 3-30 所示。

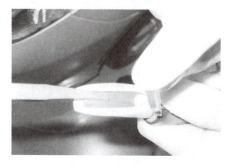

图 3-29　冰点检测

图 3-30　读取数值

通过此孔可以直观地读出所测物的冰点数值

(11)清洗吸管和冰点检测仪。
(12)清洁工位。

问题 6:如图 3-31 所示,检测出的冷却液冰点是:_____

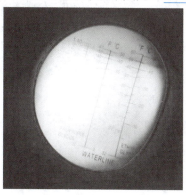

图 3-31　冷却液冰点检测仪读数窗口

5. 冷却液的更换

(1) 将车辆驶入工位，挂入驻车挡，拉起驻车制动。

(2) 安放车轮挡块，安装车内三件套及叶子板布。

(3) 打开发动机舱盖，拧松膨胀水箱及散热器盖（冷却液储液箱和水箱），如图 3-32 所示。

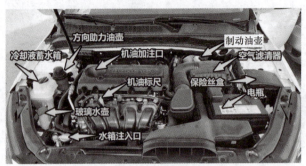

图 3-32　汽机发动机示意

问题 7：为什么要拧松膨胀水箱及散热器盖？

_____

_____

_____

_____

(4) 将举升机举升块放置到车辆安全举升位置。

(5) 安全举升车辆至适当位置。

(6) 拧开水箱下的排放螺栓或拆卸水箱下水管，如图 3-33 所示。

图 3-33　拆卸水箱下水管

(7) 必要的情况下用高压气枪对膨胀水箱加压，加快冷却液排出。

(8) 待冷却液彻底排出后，安装水箱下的排放螺栓或冰箱下水管。

(9) 加入新的冷却液，如图 3-34 所示。

汽车冷却液检查与更换

图 3-34　加入新的冷却液

(10) 拧上膨胀水箱盖。

(11) 启动车辆使车辆运行,这时可以看到冷却液液面在下降。

问题 8：加入新的冷却液后启动车辆,冷却液液面为什么会下降?

___

___

___

(12) 待冷却液液面不再下降时,拧开膨胀水箱盖添加冷却液至规定值。

(13) 再次启动车辆,如果液面不再下降,则冷却液更换完成,若液面依然下降,重复第(11)、(12)步骤操作直至冷却液液面不再下降为止。

发动机冷却系统检漏

(14) 整理设备、工具,实训场地 7S 管理。

注意：(1) 更换冷却液时要佩戴好护目镜;

(2) 在车底进行操作时注意佩戴好安全帽;

(3) 更换完冷却液以后要彻底排空冷却系统中的空气。

1. 发动机冷却系统的检查项目有哪些?

2. 更换冷却液应该注意哪些问题?

3. 如何正确读取冷却液冰点检测仪的数值?怎样根据数值判断冷却液情况?

4. 在任务实施过程中自身素质及企业素养得到了哪些提升?

		检查、更换冷却液			
序号	内容		配分	扣分	备注
1	能进行工位 8S 操作(总分 15 分) □1.1 整理、整顿:实操过程使用工具及物料分类摆放(3 分) □1.2 清理、清洁:实操结束打扫工位(4 分) □1.3 素养:耗用物料节约使用(3 分) □1.4 安全:安全操作仪器设备(5 分)		15		
2	能进行设备和工具安全检查(总分 10 分) □2.1 检查作业所需要的工具设备是否完备(2 分) □2.2 检查作业环境是否配备灭火器(3 分) □2.3 检查车辆配备是否完备(5 分)		10		
3	注重商务礼仪(总分 10 分) □3.1 正确穿着佩戴胸牌、工服等(3 分) □3.2 作业过程中与客户交谈语气、语速适中(3 分) □3.3 正确做好个人卫生及形象(4 分)		10		
4	能进行工具清洁校准存放操作(总分 10 分) □4.1 使用工具前检查工具、量具状态正常(2 分) □4.2 使用工具后对工具、量具进行清洁(4 分) □4.3 作业完成后对工具进行复位(4 分)		10		
5	能进行工具准备及过程规范(总分 9 分) □5.1 检查设备工具状态是否正常(3 分) □5.2 作业过程中工具不掉落(3 分) □5.3 作业过程证件、资料不落地(3 分)		9		
6	□团队协作能力(6 分)		6		
7	□任务完成情况(30 分)		30		
8	□课堂整体表现(10 分)		10		
	总评				

发动机高温的原因：

（1）冷却液不足或泄漏。冷却液是发动机的重要组成部分，它可以在发动机运转时吸收热量。如果冷却液不足或泄漏，就会影响发动机的散热效果，导致发动机高温。

（2）散热器堵塞。散热器是发动机散热系统中的重要组成部分，如果散热器堵塞，就会影响散热效果，导致发动机高温。

（3）节温器故障。节温器是发动机散热系统中的控制部件，如果节温器故障，就会导致发动机高温。

（4）风扇故障。风扇是发动机散热系统中的重要组成部分，如果风扇故障，就会影响散热效果，导致发动机高温。

（5）发动机燃烧室积炭。发动机燃烧室积炭会影响燃油的燃烧效率，导致发动机高温。

任务 3.5　燃油滤芯的更换

王先生在某 4S 店购置了一辆迈腾 B8 车辆，行驶了 3 年共 80 000 km，最近在启动车辆的时候发现启动困难，甚至有时候会出现熄火现象，经维修技师与客户沟通，查阅客户车辆维护资料后建议客户更换燃油滤芯。作为维修技师，你应该如何进行燃油滤芯的更换。

任务需要解决的问题

1. 燃油滤芯为什么需要检查？检查的标准是什么？（重点）
2. 燃油滤芯在什么程度下需要更换？（重点）
3. 如何用浅显易懂的原理和客户进行沟通？（难点）
4. 能否独立完成燃油滤芯的更换？（重点、难点）

知识目标

1. 掌握发动机燃油供给系统常见维护项目的周期；
2. 了解汽车燃油滤芯的选择方法；
3. 掌握燃油滤芯正确的更换步骤。

能力目标

1. 能够独立完成发动机燃油供给系统的保养；
2. 能够针对不同车型选择正确的保养方法及配件选用；
3. 能够针对不同型号的配件选择合适的工具；
4. 能够根据不同的车型正确选择燃油滤芯。

素质目标

1. 养成良好的工作习惯；
2. 培养环保、节约、严谨、细致的工作态度；
3. 培养工作中发现问题及解决问题的能力；
4. 将安全生产落实在工作中的每个细节中。

知识准备

（1）汽油。最新的车用汽油国家标准是国六B标准，也称为国ⅥB标准，这一标准从2023年7月1日起全面实施。相较于先前的国六A标准，国六B标准在汽油的品质上设定了更为严苛的门槛，这一举措旨在进一步减少汽车尾气中的污染物排放，从而为空气质量带来显著的改善。国六B汽油的显著特点在于其烯烃含量的显著降低。具体来说，烯烃含量从原先的18%（体积分数）精细调整到了15%，这一数值变化代表着燃油质量的显著提升。正因如此，国六B汽油相较于国六A汽油，在环保性能上更胜一筹，其更为清洁环保，为我国的绿色出行贡献了一份力量。

根据《车用汽油》（GB 17930—2016）的规定，车用汽油（ⅥB）可分为89号、92号、95号和98号4个牌号。这些牌号代表了不同的辛烷值，标志着汽油的抗爆性能。辛烷值越高，汽油的抗爆性能越好。此外，还有部分地区或特殊用途可能会提供更高牌号的汽油，如100号汽油，主要用于航空领域。选择汽油牌号时，应依据车辆发动机的压缩比和制造商推荐的燃油牌号，以确保发动机性能和燃油经济性，而不是一味追求高牌号汽油。

（2）燃油滤清器。燃油滤清器有柴油滤清器（图3-35）、汽油滤清器（图3-36）和天然气滤清器（图3-37）三类。燃油滤清器的作用是阻止燃油中的颗粒物、水及不洁物，保证燃油系统精密部件免受磨损及其他损害。

图3-35　柴油滤清器

图3-36　汽油滤清器

图3-37　天然气滤清器

> **小贴士**
>
> 由于汽油车和柴油车燃料的不同，造成了两者尾气排放污染物也有所不同。汽油车尾气中的主要有害物质包含碳氢化合物、硫化物等；柴油车主要是颗粒性物质。另外，两者的点火方式也不同，汽油车是依靠火花塞点燃，柴油车是压燃。

问题1：分析燃油中杂质产生的原因有哪些？

___

___

___

注意：燃油滤清器在安装中要注意其方向性，否则会影响燃油滤清器的过滤效果。

（3）燃油滤清器的安装位置。车型不同，燃油滤清器的安装位置也各有不同，常见的安装位置在燃油箱附近、燃油箱内、发动机舱内，如图3-38所示。燃油滤清器结构如图3-39所示。

图 3-38　燃油滤清器的安装位置

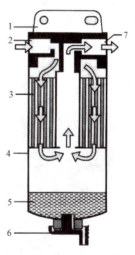

图 3-39　燃油滤清器结构

1—滤清器盖；2—进油口；3—纸质滤芯；
4—壳体；5—水分收集器；6—放水螺塞；7—出油口

问题2：燃油滤芯长期不更换会对车辆造成哪些影响？

___

___

___

___

任务实施

1. 实训注意事项

(1) 上课时，不准赤脚或穿拖鞋、高跟鞋和裙子，留长发者要佩戴工作帽。
(2) 进入实训场地不得打闹，不得携带零食进入实训中心。
(3) 进入实训场地，未经指导教师允许，不得动用整车及台架。
(4) 实训时，未经指导教师批准，不准进入车内，防止误操作引发事故。
(5) 举升车辆前应确定支撑位置正确，支撑牢靠。
(6) 车辆举升至指定高度后，确定锁止后方可进入车辆底部。
(7) 拆卸燃油滤清器之前必须对油路系统进行泄压。
(8) 拆卸燃油滤清器时必须用油盆接住残留燃油。
(9) 禁止靠近火源和热源进行操作。
(10) 实习结束，整理清洁工具和场地。

2. 设备/工量具/耗材

(1) 设备：整车、常用工具、举升机。
(2) 耗材：三件套、叶子板布、新的燃油滤芯、抹布等。

3. 更换燃油滤清器（以大众桑塔纳为例）

(1) 打开驾驶员侧车门，打开位于驾驶员左下侧的保险盒盖，取下燃油泵熔断丝（位于左起第五号保险丝），如图 3-40 所示。

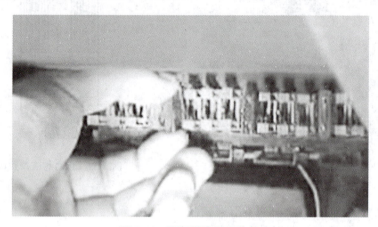

图 3-40 取下燃油泵保险丝

问题 3：为什么要拔下燃油泵保险丝？除拔下燃油泵保险丝外，还有没有其他方法？

(2)确认驻车制动自动处于制动状态,换挡杆处于空挡位置,打开点火开关启动发动机,使发动机运转到自动停止。

问题 4:发动机为何会自动熄火?

_____
_____
_____
_____

(3)使用 10 mm 套筒,拧松蓄电池负极电缆固定螺栓,取下蓄电池负极电缆,如图 3-41 所示。

图 3-41 拆卸蓄电池负极电缆

问题 5:为什么要拆卸蓄电池负极?拆下蓄电池负极电缆后需要做哪些保护工作?

_____
_____
_____
_____

(4)用举升机将汽车举升到合适操作的高度,使用棉布擦净燃油滤清器进、出油管接口处的污物,如图 3-42 所示。

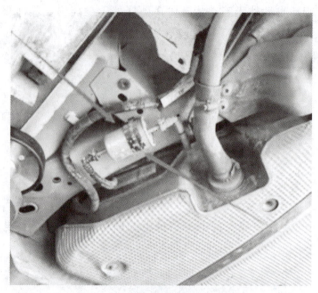

图 3-42 清洁污物

（5）使用合适的工具拆卸燃油滤清器固定支架固定螺栓，使用合适工具拆卸进、出油管，如图 3-43 所示；拆卸进、出油管后使用堵头堵住油管，防止油管内的残留燃油流出。

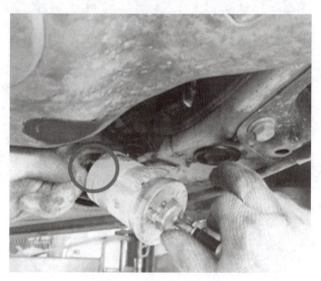

图 3-43 拆卸燃油滤清器

（6）将燃油滤清器从固定支架中取出，把燃油滤清器中剩余的燃油倒进回收容器中，并把燃油滤清器放置到指定位置。

（7）燃油滤清器上的箭头指向发动机的方向。安装燃油滤清器时，按箭头所指方向将其安装在燃油滤清器固定支架上，并保证安装可靠，如图 3-44 所示。

更换空气滤清器

图 3-44 安装燃油滤清器

问题 6：燃油滤清器上面的箭头有何含义？

___

___

___

___

(8) 用手检查燃油泵进、出软管是否老化、有裂纹。

(9) 取下堵头，插接燃油泵进、出油管。

(10) 使用举升机降下车辆。

(11) 插接燃油泵保险丝，确保连接可靠。

(12) 连接蓄电池负极电缆，并以标准力矩拧紧蓄电池负极电缆固定螺栓。

(13) 将点火开关拨至 ON 挡，2～3 s 后拨至 OFF 挡。如此重复 3～5 次，然后启动发动机，加减速操作 2～3 min，关闭点火开关。

问题 7：为何要有以上操作？

___

___

___

___

(14) 操作举升机到合适高度，检查燃油滤清器的进、出油管处是否存在燃油泄漏。

(15) 按下举升机下降按钮，降下车辆，使车辆平稳着地。

(16) 清洁实训场地，整理工具。

问题8：在整个实训过程中没有用到灭火器，那么灭火器是不是需要准备？为什么？

_____
_____
_____
_____

注意：在进行燃油方面的保养及维修时，现场必须有可正常使用的灭火设备，并且在整个任务过程中禁止有明火产生。

任务反思

1. 燃油滤清器堵塞，车辆会有哪些故障现象？

2. 更换燃油滤清器应该注意哪些问题？

3. 更换燃油滤清器时应注意哪些事项？

4. 在任务实施过程中自身素质及企业素养得到了哪些提升？

燃油滤芯的更换				
序号	内容	配分	扣分	备注
1	能进行工位 8S 操作(总分 15 分) □1.1 整理、整顿：实操过程使用工具及物料分类摆放(3 分) □1.2 清理、清洁：实操结束打扫工位(4 分) □1.3 素养：耗用物料节约使用(3 分) □1.4 安全：安全操作仪器设备(5 分)	15		
2	能进行设备和工具安全检查(总分 10 分) □2.1 检查作业所需要的工具设备是否完备(2 分) □2.2 检查作业环境是否配备灭火器(3 分) □2.3 检查车辆配备是否完备(5 分)	10		
3	注重商务礼仪(总分 10 分) □3.1 正确穿着佩戴胸牌、工服等(3 分) □3.2 作业过程中与客户交谈语气、语速适中(3 分) □3.3 正确做好个人卫生及形象(4 分)	10		
4	能进行工具清洁校准存放操作(总分 10 分) □4.1 使用工具前检查工具、量具状态正常(2 分) □4.2 使用工具后对工具、量具进行清洁(4 分) □4.3 作业完成后对工具进行复位(4 分)	10		
5	能进行工具准备及过程规范(总分 9 分) □5.1 检查设备工具状态是否正常(3 分) □5.2 作业过程中工具不掉落(3 分) □5.3 作业过程证件、资料不落地(3 分)	9		
6	□团队协作能力(6 分)	6		
7	□任务完成情况(30 分)	30		
8	□课堂整体表现(10 分)	10		
总评				

深圳某汽修店着火原因引人深思：

2023年8月9日中午12时34分许，深圳市龙岗区布吉街道一汽修店发生爆炸，导致大火，造成4人死亡。

事后，深圳消防发布通报称，经现场勘查、调查询问及视频分析，联合调查组基本认定该起事故原因：经营部员工李某、陈某（死者）维修汽车过程中，将拆卸油箱内的汽油倒入塑料桶，移动塑料桶时产生静电火花，从而引起汽油蒸气爆炸并蔓延。

任务 3.6　检查发动机皮带及进排气系统

王先生在某4S店购置了一辆桑塔纳车辆，行驶了7个月共12万km。王先生进店进行车辆保养，在车辆检查过程中发现正时皮带、发电机皮带出现了老化裂纹等现象，作为维修技师，你应如何给王先生解释要更换该皮带？不更换会留下怎样的事故隐患？在征得王先生同意后，你如何完成该皮带的更换。

任务需要解决的问题

1. 发动机皮带为什么需要更换？更换的标准是什么？（重点）
2. 发动机皮带都有哪些作用？（重点）
3. 如何用浅显易懂的原理和客户进行沟通？（难点）
4. 能否独立完成发动机皮带的更换？（重点、难点）

知识目标

1. 掌握发动机皮带常见维护项目的周期；
2. 了解汽车发动机皮带的选择方法；
3. 掌握皮带检查的正确方法；
4. 掌握正时皮带的正确安装方法；
5. 发电机皮带的正确安装方法。

能力目标

1. 能够独立完成发动机皮带的更换；
2. 能够针对不同车型选择正确的保养方法及配件；
3. 能够针对不同型号的配件选择合适的工具；
4. 能够针对不同客户给出正确的保养方案。

素质目标

1. 养成良好的工作习惯；

2. 培养环保、节约、严谨、细致的工作态度；
3. 培养工作中发现问题及解决问题的能力。

3.6.1 发动机正时皮带

正时皮带是起到承上启下的作用，上部连接的是发动机缸盖的正时轮、下部连接的是曲轴正时轮；正时轮连接的是凸轮轴，这个凸轮轴上有凸轮，它的接触点是小摇臂，摇臂通过正时皮带带来的动力产生压力，起到顶起的作用；顶起进气门的作用是使雾化的汽油进入缸体，顶起排气门的时候是使废气排出缸体；当凸轮轴凹陷（不是凸起的地方）的地方同时接触小摇臂时，这时候进气门、排气门都关闭，压缩比产生、火花塞点火，内燃开始并产生动力。正时皮带如图 3-45 所示。

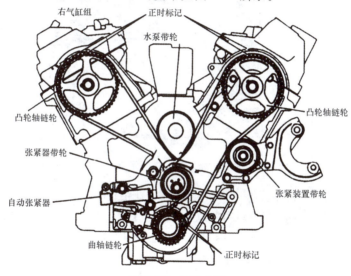

图 3-45　正时皮带

由于正时皮带容易被拉伸，因此现在很多汽车都采用正时链条，如图 3-46 所示。

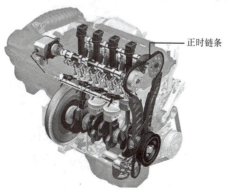

图 3-46　正时链条

> **小贴士**
>
> 失之毫厘差之千里，不正确的配气正时会导致发动机工作异常，严重的情况下会导致发动机顶缸。

3.6.2 发动机进排气系统

1. 进气系统

进气系统由空气滤清器、空气流量计、进气压力传感器、节气门体、附加空气阀、怠速控制阀、谐振腔、动力腔、进气歧管等组成，如图3-47所示。

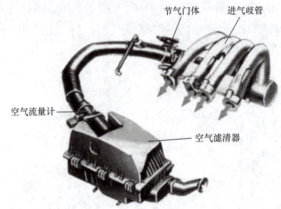

图3-47 发动机进气系统

可变进气系统主要可分为VVT（可变气门正时）、CVVT（连续可变气门正时）、VVT－i（电子可变正时）、i－VTEC（电子可变气门升程）四种。

（1）VVT（可变气门正时）。采用可变配气定时机构可以改善发动机的性能。发动机转速不同，要求不同的配气定时。这是因为当发动机转速改变时，由于进气流速和强制排气时的废气流速也随之改变，因此在气门晚关期间利用气流惯性增加进气和促进排气的效果将会不同，如图3-48所示。

（2）CVVT（连续可变气门正时）。CVVT是英文Continue Variable Valve Timing的缩写，翻译成中文就是连续可变气门正时，它是近些年来被逐渐应用于现代轿车上的众多可变气门正时技术中的一种。例如宝马公司叫作Vanos，丰田叫作VVTI，本田叫作VTEC，目的都是给不同的发动机工作状

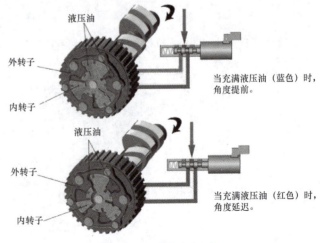

图3-48 可变气门正时

况下匹配最佳的气门重叠角（气门正时），只不过所实现的方法是不同的，如图3-49所示。

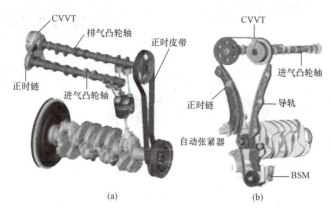

图3-49 连续可变气门正时

（3）VVT－i（电子可变正时）。VVT－i系统由传感器、ECU和凸轮轴液压控制阀、控制器等部分组成。ECU储存了最佳气门正时参数值，曲轴位置传感器、进气歧管空气压力传感器、节气门位置传感器、水温传感器和凸轮轴位置传感器等反馈信息汇集到ECU并与预定参数值进行对比计算，计算出修正参数并发出指令到控制凸轮轴正时的液压控制阀。液压控制阀根据ECU指令控制机油槽阀的位置，也就是改变液压流量，把提前、滞后、保持不变等信号指令选择输送至VVT－i控制器的不同油道，如图3-50所示。

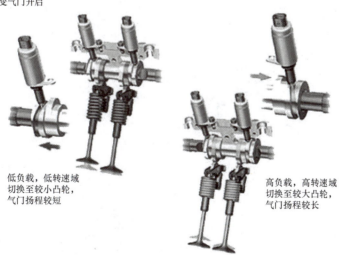

图3-50 电子可变正时

（4）i-VTEC（电子可变气门升程）。i-VTEC系统是本田公司的智能可变气门正时系统的英文缩写，最新款的本田轿车的发动机已普遍安装了i-VTEC系统。本田的 i-VTEC 系统可连续调节气门正时，且能调节气门升程，如图 3-51 所示。

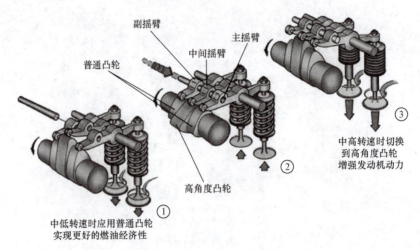

图 3-51　电子可变气门升程

i-VTEC 系统的工作原理：当发动机由低速向高速转换时，电子计算机自动将机油压向进气凸轮轴驱动齿轮内的小涡轮，这样，在压力的作用下，小涡轮就相对于齿轮壳旋转一定的角度，从而使凸轮轴在 60°的范围内向前或向后旋转，从而改变进气门开启的时刻，达到连续调节气门正时的目的。

2. 排气系统

汽车排气系统是指收集并且排放废气的系统，一般由排气歧管、排气管、催化转换器、排气温度传感器、汽车消声器和排气尾管等组成，如图 3-52 所示。

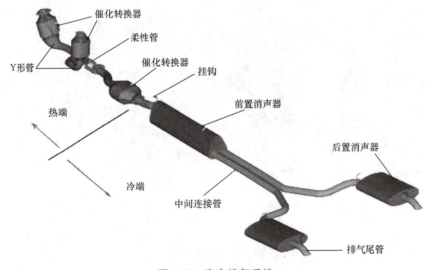

图 3-52　汽车排气系统

注意：排气系统漏气会造成发动机工作声音变大，严重影响驾驶的舒适性。

1. 实训注意事项

(1) 上课时，不准赤脚或穿拖鞋、高跟鞋和裙子，留长发者要佩戴工作帽。
(2) 进入实训场地不得打闹，不得携带零食进入实训中心。
(3) 进入实训场地，未经指导教师允许，不得动用整车及台架。
(4) 实训时，未经指导教师批准，不准进入车内，防止误操作引发事故。
(5) 举升车辆前应确定支撑位置正确，支撑牢靠。
(6) 车辆举升至指定高度后，确定锁止后方可进入车辆底部。
(7) 配合操作时，驾驶室内成员需以车外人员指令为标准进行操作。
(8) 实习结束，整理清洁工具和场地。

2. 设备/工量具/耗材

(1) 设备：整车、常用工具、撬棍、正时皮带张紧度检查工具。
(2) 耗材：三件套、叶子板布、节气门清洗剂、抹布。

3. 检查发动机皮带及进排气系统

(1) 检查发动机皮带（以大众 Bora 为例）。
1) 将车辆驶入工位，拉起驻车制动，将挡位挂入空挡。
2) 打开发动机舱盖。
3) 检查正时皮带是否有裂纹、剥离、散线、磨损等，如图 3-53 所示。

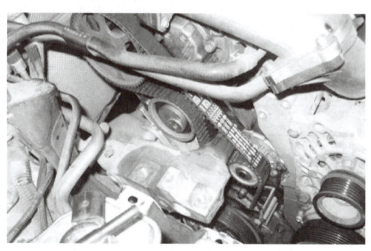

图 3-53 检查正时皮带

4) 检查正时皮带的张紧度，皮带翻转是否超过 90°，如超过 90°，或者用手指按下皮带弯曲处，皮带位移超过 1 cm，说明皮带过松；如果达不到 90°，说明太紧（图 3-54），需要更换或调整张紧器，调整方法如图 3-55 所示。

检查发动机舱内零部件

图 3-54　正时皮带检查

图 3-55　正时皮带张紧度调整

5）如果皮带没有问题，放下发动机舱盖。
6）整理工位。

问题 1：除正时皮带外，汽车上还有哪些设备是用皮带驱动的？该如何检查？

_____
_____
_____
_____

（2）节气门体清洗：
1）断开蓄电池负极接线。

问题 2：为何要断开蓄电池负极接线？

_____
_____
_____
_____

2）拆卸进气歧管及周边附件。
3）拆卸节气门体，如图 3-56 所示。
4）使用节气门体清洗剂清洗节气门体，如图 3-57 所示。

问题 3：节气门体哪些部位容易脏？哪些部位不容易清洗？清洗节气门体应该注意什么？

_____
_____
_____
_____

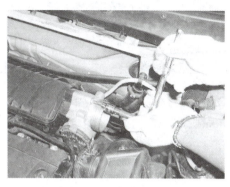
图 3-56　拆卸节气门体

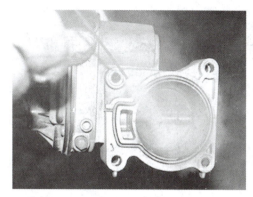
图 3-57　清洗节气门体

5）安装节气门体。

6）安装蓄电池负极接线。

7）反复打开点火开关 ON 挡 1～2 次，并对节气门体进行相应的匹配。

节气门的清洗

问题 4：以迈腾 B8 为例，简述应该如何进行节气门体匹配。

8）检查发动机怠速是否正常。若怠速正常，即可安装进气系统；若怠速不正常，则找出具体原因，排除后面安装进气系统。

（3）检查排气系统。启动发动机，并将车辆举升至合适高度，安全锁止举升机，检查排气系统各连接处是否漏气。

1）检查排气系统吊耳是否老化，消声器是否损坏，是否有裂纹。

2）检查氧传感器接线是否松动，是否存在老化或龟裂。

3）检查完毕，对存在问题的部位按照维修手册进行修理或更换；如果没有问题，降下车辆，关闭发动机，进、排气系统检查完毕。

（4）清洗进气系统（以豪特车为例）。

1）将车辆停到工位，接上尾排，打开发动机舱盖，如图 3-58 所示，铺上防护布，清理灰尘。检查发动机有无故障，如有故障通知服务顾问，先维修再进行清洗。

2）检测车辆是否在正常工作温度范围内，如温度不够先热车，如图 3-59 所示。

3）把进气软管拆下，再拔掉空气流量传感器，如图 3-60 所示。

4）确认进气系统的清洗设备压力表归零，设备开关处于关闭位置，如图 3-61 所示。

5）打开加液盖，将清洗剂倒入设备中，拧紧加液盖，并关闭泄压阀，如图 3-62 所示。

6）将清洗设备挂在车上，设备喷头对准节气门，接上气源，调整压力表到 0.4 MPa，如图 3-63 所示。

图 3-58　打开发动机舱盖

图 3-59　检查发动机温度

图 3-60　拆卸空气流量传感器

图 3-61　清洗设备压力表归零

图 3-62　添加清洗剂

图 3-63　连接设备与进气系统

7)启动车辆,将设备开关打开进行清洗,每隔1~2 min踩几下加速踏板,直到药液喷完为止。

8)关闭设备开关,拔掉气源、泄压,并确认压力表归零,取下设备,再将车辆熄火,如图3-64所示。

图3-64 拆卸设备

9)清洗完毕后,将空气流量传感器、进气软管依次安装好(图3-65)。在盖上发动机盖之前,检查发动机舱内有无工具遗留,同时启动车辆确认发动机能够正常运转。全部正常后,盖上发动机盖。

图3-65 安装进气流量传感器

问题5:发动机进气系统需不需要经常进行清洗?为什么?

1. 发动机皮带的检查项目有哪些?

2. 更换正时皮带应该注意哪些问题?

3. 如何正确更换发电机皮带？

4. 在任务实施过程中自身素质及企业素养得到了哪些提升？

检查发动机皮带及进排气系统					
序号	内容	配分	扣分	备注	
1	能进行工位 8S 操作（总分 15 分） □1.1 整理、整顿：实操过程使用工具及物料分类摆放(3 分) □1.2 清理、清洁：实操结束打扫工位(4 分) □1.3 素养：耗用物料节约使用(3 分) □1.4 安全：安全操作仪器设备(5 分)	15		
2	能进行设备和工具安全检查（总分 10 分） □2.1 检查作业所需要的工具设备是否完备(2 分) □2.2 检查作业环境是否配备灭火器(3 分) □2.3 检查车辆配备是否完备(5 分)	10		
3	注重商务礼仪（总分 10 分） □3.1 正确穿着佩戴胸牌、工服等(3 分) □3.2 作业过程中与客户交谈语气、语速适中(3 分) □3.3 正确做好个人卫生及形象(4 分)	10		
4	能进行工具清洁校准存放操作（总分 10 分） □4.1 使用工具前检查工具、量具状态正常(2 分) □4.2 使用工具后对工具、量具进行清洁(4 分) □4.3 作业完成后对工具进行复位(4 分)	10		
5	能进行工具准备及过程规范（总分 9 分） □5.1 检查设备工具状态是否正常(3 分) □5.2 作业过程中工具不掉落(3 分) □5.3 作业过程证件、资料不落地(3 分)	9		
6	□团队协作能力(6 分)	6		
7	□任务完成情况(30 分)	30		
8	□课堂整体表现(10 分)	10		
总评					

有辆 2005 款雷诺梅甘娜 2 代轿车，搭载 F4R1771 发动机，手自一体自动变速器，行驶里程 3.5 万 km。该车在行驶中突然熄火。故障诊断：接车时发现车辆的前部已经被撞得面目全非，水箱下部有漏水现象。客户自述由于疲劳驾驶发生了碰撞防护栏事故，不敢在应急车道上停留，想赶去服务区停靠休息，没有关注仪表的显示，直至车辆熄火，检查发动机发现无法转动曲轴，初步判断为高温导致发动机"冲缸"。在对该车发动机进行拆检时发现正时皮带被撕裂，曲轴皮带轮卡死，不能转动。从这一现象来分析，发动机熄火后驾驶员肯定继续启动发动机导致正时皮带被撕裂。清理正时皮带后，曲轴仍然不能转动，说明需要解体发动机，遂将发动机完全拆解后发现 16 个气门全部被顶弯，活塞顶有明显的受伤痕迹，气缸壁有明显的拉伤迹象，测量气缸圆柱度失圆。至此我们可以判断出此次故障的原因，水箱漏水引起发动机温度过高，使得活塞膨胀与气缸间隙接近过盈配合，活塞作用在曲轴上的力量突然加大，曲轴转动的速度和正时皮带不同步，导致正时皮带"跳齿"后（此时配气相位已错乱），在驾驶员继续启动发动机时气门被顶弯，这进一步加剧了正时皮带的损坏，直到正时皮带将曲轴皮带轮卡住。此故障情况也属于比较特殊的，特殊在于该车在高温后导致正时皮带"跳齿"，再次启动发动机引起气门和活塞损坏。

任务 3.7 发动机管路及线束检查

王先生在某 4S 店购置了一辆迈腾 B8 车辆，行驶了 6 年共 120 000 km，进店进行车辆保养。在保养过程中，作为维修技师的你建议客户进行线束保养，但是客户认为线束不需要进行保养，你应该如何对客户作出解释。

任务需要解决的问题

1. 车辆线束为什么需要检查？检查的标准是什么？（重点）
2. 如何用浅显易懂的原理和客户进行沟通？（难点）
3. 能否独立完成线束的保养？（重点、难点）

知识目标

1. 掌握线束保养项目的周期；
2. 了解汽车发动机各线束的作用；
3. 掌握线束正确的检查和维修方法。

能力目标

能够独立完成线束的保养。

素质目标

1. 养成良好的工作习惯；
2. 培养环保、节约、严谨、细致的工作态度；
3. 培养工作中发现问题及解决问题的能力。

发动机舱中环境恶劣，受到高温、油液腐蚀等条件的影响会使管路及线路出现老化，从而导致发动机产生漏电、漏水、漏油等现象，对发动机造成严重的影响，因此，在车辆保养时需要对发动机舱内的线束及管路进行检查。发动机部分线路及管路如图 3-66 所示。

图 3-66　发动机部分线路及管路

小贴士

车辆发动机线束由于工作环境比较恶劣，时间久了会出现线束老化、断裂、短路等现象，严重时可能会造成车辆自燃，定期对车辆线路进行检查和维护，可以有效地减缓线束老化，防止线路故障，避免车辆自燃造成经济损失和人员伤亡。

问题 1：发动机舱有哪些线路和管路？除线路和管路的检查外，还需要检查什么？

1. 实训注意事项

（1）上课时，不准赤脚或穿拖鞋、高跟鞋和裙子，留长发者要佩戴工作帽。

（2）进入实训场地不得打闹，不得携带零食进入实训中心。

（3）进入实训场地，未经指导教师允许，不得动用整车及台架。

（4）实训时，未经指导教师批准，不准进入车内，防止误操作引发事故。

（5）检查发动机舱内部零部件时应防止烫伤。

（6）检查线路时不能直接拉拔线路。

（7）实习结束，整理清洁工具和场地。

2. 设备/工量具/耗材

（1）设备：整车。

（2）耗材：三件套、叶子板布、抹布。

3. 检查发动机舱线路及管路

（1）将车辆停在水平地面上，打开发动机舱盖，安装叶子板布。

（2）用高压气枪吹掉发动机舱内的灰尘、杂质，如图 3-67 所示。

图 3-67　清洁发动机舱内浮尘

问题 2：为什么要吹去发动机舱内的浮尘？

_____
_____
_____
_____

（3）检查发动机舱内各管路有无漏油、漏水、漏气、老化等现象，如果有，则找出具体原因并进行维修。

（4）轻轻晃动发动机舱内各线路插接器，检查有无松动、老化，如果有，则加以紧固。

注意：在检查管路和线路的同时使用抹布对能够触摸到的部位再次进行清洁，如图 3-68 所示。

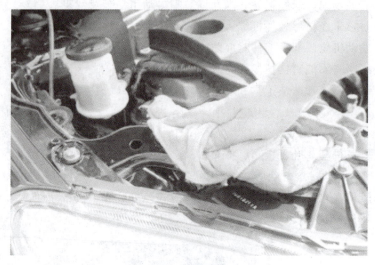

图 3-68　擦拭发动机舱

（5）待所有检查完成后，用专用工具对发动机舱进行最后的清洁，如图 3-69 所示。

注意：在检查线路时，应避免直接晃动电线，防止造成插接器、插线等松动，造成车辆故障。

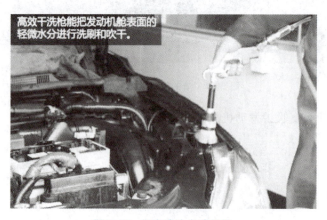

图 3-69　彻底清洁发动机舱

（6）给发动机舱喷洒线路保护剂和橡胶保护剂，延长线路及管路使用时间，如图 3-70 所示。

（7）以上工序完成后，放下发动机舱盖，整理工具设备，场地进行 7S 管理。

图 3-70　喷洒线路及管路保护剂

检查发动机舱内零部件

1. 发动机舱线路检查应注意哪些问题？

2. 为什么要对发动机舱内的线路进行养护？

3. 线路短路对车辆会造成哪些损害？

任务评估

发动机管路及线束检查				
序号	内容	配分	扣分	备注
1	能进行工位 8S 操作（总分 15 分） ☐1.1 整理、整顿：实操过程使用工具及物料分类摆放(3 分) ☐1.2 清理、清洁：实操结束打扫工位(4 分) ☐1.3 素养：耗用物料节约使用(3 分) ☐1.4 安全：安全操作仪器设备(5 分)	15		
2	能进行设备和工具安全检查（总分 10 分） ☐2.1 检查作业所需要的工具设备是否完备(2 分) ☐2.2 检查作业环境是否配备灭火器(3 分) ☐2.3 检查车辆配备是否完备(5 分)	10		
3	注重商务礼仪（总分 10 分） ☐3.1 正确穿着佩戴胸牌、工服等(3 分) ☐3.2 作业过程中与客户交谈语气、语速适中(3 分) ☐3.3 正确做好个人卫生及形象(4 分)	10		
4	能进行工具清洁校准存放操作（总分 10 分） ☐4.1 使用工具前检查工具、量具状态正常(2 分) ☐4.2 使用工具后对工具、量具进行清洁(4 分) ☐4.3 作业完成后对工具进行复位(4 分)	10		
5	能进行工具准备及过程规范（总分 9 分） ☐5.1 检查设备工具状态是否正常(3 分) ☐5.2 作业过程中工具不掉落(3 分) ☐5.3 作业过程证件、资料不落地(3 分)	9		
6	☐团队协作能力(6 分)	6		
7	☐任务完成情况(30 分)	30		
8	☐课堂整体表现(10 分)	10		
总评				

拓展阅读

2024 年 3 月 1 日下午 4 时，湖南岳阳市城区内，求索路与花板湖路交会处附近的公共场所视频捕捉到了一个惊心动魄的场景。在交叉路口的前方，一辆正在中间车道行驶的小汽车，其车尾突然开始飘散出缕缕轻烟。紧接着，这辆小汽车启动了双闪警示灯，并紧急向右靠边停车。随着烟雾愈发浓烈，从车头底部升腾而起的烟雾已清晰可见，司机见状，立即下车撤离，并拨打了紧急报警电话。

就在小车司机焦急无助之际，岳阳南湖交警大队的四位民警巡逻至此，发现了车辆自燃的情况。他们迅速在现场设置警戒，同时，两位民警迅速从警车中取出车载灭火器，对着火势汹涌的车头进行紧急喷射。然而，民警携带的两瓶灭火器很快就被用尽，但引擎盖内的明火依然顽强地燃烧着。民警毫不犹豫地向周边商铺寻求援助，热心市民们纷纷响应，拿出灭火器，前后共有八个灭火器被提供给了灭火工作。民警们不断地使用这些灭火器向引擎盖内喷射，虽然火势一度被控制，但火焰并未完全熄灭，很快便再次复燃。面对如此危险的火势，民警们不顾个人安危，持续进行近距离的灭火操作。很快，八个灭火器也被耗尽，火势再度蔓延。在这千钧一发之际，消防救援车及时赶到现场，消防队员们迅速架起水枪，对准车头着火部位进行喷射。在不到十分钟的时间里，小汽车的明火被彻底扑灭。

"这辆车已经开了十多年了，我本来打算今年换车的，没想到会发生这样的事情。"司机林某事后表示。经查，这辆小汽车于2010年5月注册登记，已经使用了近14年。初步分析认为，起火原因可能是由于车辆线路老化短路所致。目前，这辆小汽车已基本报废。

针对此次事件，民警们提醒广大驾驶人员，一定要定期对车辆进行保养和检查，特别是对于那些使用达到一定年限的车辆，更要对车辆的油路、电路、轮胎等关键部件进行经常性检查，以预防自燃事故的发生。

学习总结

项目 4
汽车电气系统维护

  汽车电气设备性能的好坏，直接影响汽车的动力性、经济性、安全性、可靠性、舒适性及环保等方面的性能。随着汽车结构的改进和性能的不断提高，传统汽车电气设备正面临巨大的冲击。照明、信号、报警、空调、辅助电器等方面已向小型化、智能化方向发展，其在安全性、可靠性、使用性及寿命等方面有了极大的提高。电子技术对于解决当前世界汽车所面临的油耗、安全、舒适和排放等问题，具有极为重要的作用。

项目内容

名称	周期（建议）		
	检查	清洁	更换
空调滤芯		每次保养时	每半年
空调清洗			一年
前大灯	日常检查	每次保养时	3年/5万千米
座椅	日常检查		
安全带	日常检查		3到5年
安全气囊		每次保养时	8至10年
车载娱乐系统	日常检查		
车门、车窗	日常检查	每次保养时	60~80 km
天窗、后视镜	日常检查	每次保养时	
蓄电池		每次保养时	3年左右
刮水器	日常检查		3至4年

备注： 由于车辆行驶环境、地域差异、驾驶习惯，以及车辆电气系统的品质不同，以上数据仅供参考，建议零部件的清洁和更换，结合实际情况进行确定。

任务 4.1　汽车空调系统的维护

张先生的一辆宝马车在行驶中打开空调,有一种异味发出,因此,需要进行售后服务的空调维护作业。现在需要一名技术人员按照专业水平,对汽车进行空调系统维护,并向他提出正确的使用方法和维护建议。

任务需要解决的问题

1. 空调系统的制冷原理是什么?(重点)
2. 如何用浅显易懂的原理和客户进行交流?(难点)
3. 能否独立完成空调滤清器的更换?(重点、难点)

知识目标

1. 了解汽车空调在现实中的应用,熟悉汽车空调的具体功能;
2. 掌握汽车空调的基本组成;
3. 掌握汽车空调制冷系统的工作原理。

能力目标

1. 能够运用汽车空调的工作原理,向客户提出正确使用汽车空调及维护汽车空调的建议;
2. 能够按照规范完成汽车空调的维护工作;
3. 能够独立完成空调滤清器的更换;
4. 能够查找相关资料,掌握汽车空调的功能、种类、型号和性能指标等。

素质目标

1. 养成良好的工作习惯;
2. 培养环保、节约、严谨、细致的工作态度;
3. 培养工作中发现问题及解决问题的能力。

4.1.1　汽车空调系统简介

现代汽车空调有多种功能,每种功能都是为了使乘客感到舒适,具体包括以下几个方面:

(1)汽车空调能控制车厢内的温度,既能加热空气,也能冷却空气,以便把车厢内温度控制在舒适的水平。

(2)汽车空调能够排除空气中的湿气,干燥空气、吸收人体汗液,以营造更舒适的环境。

(3)汽车空调可以吸入新风,具有通风功能。

(4)汽车空调可以过滤空气,排除空气中的灰尘和花粉。

4.1.2 汽车空调系统的组成

现代汽车空调系统由通风系统、供暖系统、制冷系统、空气净化系统和控制系统等组成,如图4-1所示。

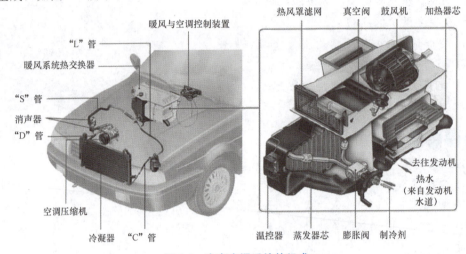

图4-1 汽车空调系统的组成

(1)通风系统。通风系统的作用是在汽车行驶时,必须保证车内通风,即对汽车室内不断注入新鲜空气,驱排混有尘埃、二氧化碳及来自发动机的有害气体。在寒冷的冬天,还可以对新鲜空气进行加热,以保证室内温度适宜。

(2)供暖系统。供暖系统的作用是对车内的空气或由外部进入车内的新鲜空气进行加热,以达到取暖、除湿的目的。汽车空调暖风系统如图4-2所示。

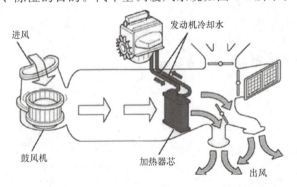

图4-2 汽车空调暖风系统

(3)制冷系统。制冷系统的作用是在车外环境温度较高时,降低车内的温度,使乘客感到凉爽、舒适。汽车空调制冷系统如图4-3所示。

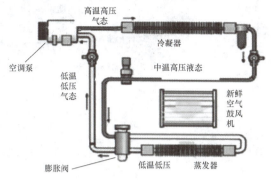

图4-3 汽车空调制冷系统

（4）空气净化系统。空气净化系统的作用是对引入的空气进行过滤，不断排除车内的污浊气体，保持车内空气清洁。

（5）控制系统。控制系统主要由电器元件、真空管路和操纵机构组成。其作用一方面是用以对制冷和暖风系统的温度、压力进行控制；另一方面是对车内空气的温度、风量、流向进行操纵，以完善空调系统的各项功能。汽车空调控制系统如图4-4所示。

图4-4 汽车空调控制系统

汽车空调主要由压缩机（Compressor）、电控离合器、冷凝器（Condenser）、蒸发器（Evaporator）、膨胀阀（Expansionvalve）、贮液干燥器（Receiverdrier）、管道（Hoses）、冷凝风扇、真空电磁阀（Vacuumsolenoid）、怠速器和控制系统等组成，如图4-5所示。汽车空调可分为高压管路和低压管路。高压侧包括压缩机输出侧、高压管路、冷凝器、贮液干燥器和液体管路；低压侧包括蒸发器、积累器、回气管路、压缩机输入侧和压缩机机油池。

贮液干燥器实际上是一个贮存制冷剂及吸收制冷剂水分、杂质的装置。一方面，它相当于汽车的油箱，为泄露制冷剂多出的空间补充制冷剂；另一方面，它又像空气滤清器那样，过滤掉制冷剂中掺杂的杂质。贮液干燥器中还装有一定的硅胶物质，起到吸收水分的作用。

图 4-5　汽车空调系统零部件

冷凝器和蒸发器虽然叫法不同，但结构类似。它们都是在一排弯绕的管道上，布满散热用的金属薄片，以此实现外界空气与管道内物质热交换的装置。冷凝器的冷凝是指其管道内的制冷剂散热，从气态凝结成液态，其原理与发动机的散热水箱相近（区别只在于水箱的水一直是液态而已），所以，它经常被安装在车头，与水箱一起，共同享受来自前方的习习凉风。总之，冷凝器是哪里凉快哪里去，以便其散热冷凝。蒸发器与冷凝器正好相反，它是制冷剂由液态变成气态（即蒸发）吸收热量的场所。

4.1.3　空调滤清器

汽车空调滤清器是一种专门用于汽车车厢内空气净化的过滤器。采用高效吸附材料——活性炭与长丝无纺布复合的活性炭复合滤布；结构紧凑，能有效过滤烟臭、花粉、尘埃、有害气体和各种异味。空调滤清器还能高效过滤吸附颗粒杂质，在达到滤油、净化空气性能的同时，又能很好地去除TVOC、苯、酚、氨、甲醛、二甲苯、苯乙烯等有机气体，是各类高档汽车、轿车、商务用车中作汽车空调滤清器使用的一种理想材料，如图 4-6 所示。

空调滤芯过滤从外界进入车厢内部的空气，使空气的洁净度提高，一般的过滤物质是指空气中所包含的杂质、微小颗粒物、花粉、细菌、工业废气和灰尘等，空调滤清器的作用是防止

图 4-6　汽车空调滤芯

这类物质进入空调系统，破坏空调系统，给车内乘用人员提供良好的空气环境，保护车内人员的身体健康，此外，还能防止玻璃雾化。

空调滤芯的安装位置有车外和车内之分。内部空调滤芯一般安装在副驾驶杂物盒的后面，如图 4-7 所示；外部空调滤芯一般安装在右侧雨水挡板的下面，如图 4-8 所示。部分车型内部、外部空调滤芯都有，如奥迪 A6L 型轿车。

图 4-7　内部空调滤芯

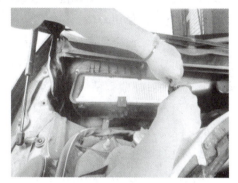

图 4-8　外部空调滤芯

如果发现空调系统有异常时，应综合考虑以下因素：

(1) 空调的挡位已经开到足够大，但制冷或制热的出风量还是很小。若空调系统正常，则原因可能是使用的空调滤清器通风效果差，或是空调滤清器使用时间过长，未及时更换。

(2) 空调工作时吹出的风有异味，其原因可能是空调系统长时间未使用，内部系统和空调滤清器因受潮发霉而发出异味，建议清洗空调系统、更换空调滤清器。

(3) 更换空调滤清器后，打开内循环也无法去除来自外界和内部的空气异味，其原因可能是使用了普通型空调滤清器，建议使用活性炭系列的空调滤清器。市场上的空调滤清器类型和材质都是取决于汽车配套出厂时，所配置的原厂空调滤清器，简单说就是该车出厂时里面是装的是什么类型的空调滤清器，那么售后市场配置时采用较多也是和该类型一样的空调滤清器；因为这个要考虑消费者的接受程度。其实无论是普通型的空调滤清器，还是活性炭系列空调滤清器，同一年份的同一款车型所安装滤清器的尺寸大小都是相同的。

问题 1：汽车空调产生异味的原因有哪些？

4.1.4　汽车空调系统维护的意义

汽车空调长期不清洗，当打开空调时，会有发霉的怪味，霉味主要产生在空调管道和蒸发器上。黑暗、潮湿和温暖的环境是霉菌生长所需的三大条件，汽车空调系统具备了以上条件，几乎所有汽车空调都无法避免蒸发器上霉菌的生长。

1. 汽车空调不清洗的危害

(1) 滤光板、散热器、蒸发器、翅片表面积累大量灰尘和污垢，造成气流堵塞。

(2) 致使制冷、制热效果下降，增加耗电和噪声。

(3) 降低空调的使用寿命。

(4) 产生异味，滋生细菌、螨虫，危害人们的身体健康。

汽车空调系统是汽车内部细菌和霉菌积聚较多的部位，发霉后至少会生成三种有害人体健康的霉菌，即曲霉菌、阴霉菌和青霉菌。它们会随着空调的出风口直接吹进车内，污染车内空气，同时，污染人体的呼吸道，引起头痛、发热、突发性咽喉炎，扁桃体感染，哮喘，流感症状，皮炎，以及伤口难愈合等不良反应。

2. 汽车空调清洗的好处

(1) 增强制冷。使用专用清洗剂清洗后，空调内无尘无垢，气流交换顺畅，制冷效果明显增强。

(2) 有益健康。使用专用清洗剂清洗后，不但大大减少"空调综合征"的发病概率，还净化了室内空气，除去空调产生的怪味。

(3) 延长空调的使用寿命。使用专用清洗剂清洗后，空调器的工作环境改变，空调器寿命延长，空调器本身清洁如新。

(4) 降低电耗。清洗后的空调环境改变，工作效率提高，也就降低了电耗。

(5) 减少开支。经过清洗保养后的空调，故障率降低，耗电量下降，无形中节省了开支。

3. 汽车空调清洗的最佳时机

每年对汽车空调做两次清洗。夏季使用冷风之前清洗一次，冬季使用暖风之前清洗一次。

> **小贴士**
>
> 理解并掌握汽车空调系统的组成，更有利于转化为浅显易懂的语言，能够使客户更容易了解汽车空调系统保养的重要性，使客户体会到接待人员和维修人员的专业性，从而使一个普通客户转化为忠实客户。

实训1：汽车空调滤芯的检查与更换

1. 实训注意事项

(1) 上课时，不准赤脚或穿拖鞋、高跟鞋和裙子，留长发者要佩戴工作帽。

(2)进入实训场地不得打闹，不得携带零食。

(3)进入实训场地，未经指导教师允许，不得动用整车及台架。

(4)实训时，未经指导教师批准，不准进入车内，防止误操作引起事故。

(5)拆装空调滤芯时，应注意卡扣及拆装方法。

(6)实习结束，整理清洁工具和场地。

2. 设备/工量具/耗材

(1)设备：整车。

(2)耗材：三件套、叶子板布、吹尘枪等。

3. 检查及更换空调滤芯

(1)将车辆停在水平地面上，挡位置于 P 挡，拉起驻车制动。

(2)打开副驾驶侧车门，安装车内三件套。

(3)打开副驾驶侧收纳箱，如图 4-9 所示。

(4)用手按住边的卡子，然后将手套箱取下。

(5)找到空调滤芯盖板，并取下，如图 4-10 所示。

清洁空调滤清器

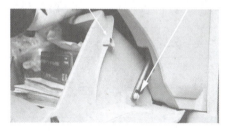

图 4-9　副驾驶侧收纳箱

图 4-10　空调滤芯位置

问题 2：是否所有的汽车空调滤芯的位置都在副驾驶侧收纳箱的背面，为什么？

问题 3：如果汽车空调滤芯是在副驾驶侧收纳箱，是否只要拆下手套箱就一定能够取出空调滤芯？为什么？

(6)取出汽车空调滤芯，检查汽车空调滤芯脏污情况，如果汽车空调滤芯脏污不严重,则采用高压气枪清洁汽车空调滤芯即可,如图 4-11 所示;若汽车空调滤芯脏污严重,清洁后仍不能继续使用,则需更换新的汽车空调滤芯。

空调滤芯的作用是过滤掉进入车厢内的空气杂质

图 4-11　清洁空调滤芯

问题 4:清洁汽车空调滤芯应注意什么?

_____
_____
_____

(7)查看汽车空调系统是否存在严重的异味或霉味,若有,则需要对汽车空调系统进行彻底清洗;若没有,则安装清洁后的空调滤芯或更换新的空调滤芯。

问题 5:安装汽车空调滤芯应注意什么?

_____
_____
_____
_____

(8)安装汽车空调滤芯挡板,安装副驾驶侧收纳箱。
(9)取出车内三件套,实训设备及场地 7S 管理。
(10)启动车辆,开启空调,尝试吹出的气流是否顺畅,是否有异味等。
(11)汽车空调滤芯检查更换完成。

实训 2:汽车空调可视清洗

1. 实训注意事项

(1)上课时,不准赤脚或穿拖鞋、高跟鞋和裙子,留长发者要佩戴工作帽。
(2)进入实训场地不得打闹,不得携带零食。

(3)进入实训场地,未经指导教师允许,不得动用整车及台架。

(4)实训时,未经指导教师批准,不准进入车内,防止误操作引起事故。

(5)拆装汽车空调滤芯时,应注意卡扣及拆装方法。

(6)可视清洗时,须拆下鼓风机挡位电阻器。

(7)实习结束,整理清洁工具和场地。

2. 设备/工量具/耗材

(1)设备:整车。

(2)耗材:三件套、汽车空调可视清洗套装、汽车空调可视清洗设备。

3. 汽车空调可视清洗步骤

(1)将车辆停放在水平地面上,挡位置于P挡,拉起驻车制动。

(2)打开副驾驶侧车门,安装车内三件套。

(3)打开副驾驶侧收纳箱。

(4)用手按住边的卡子,然后将手套箱取下。

(5)找到汽车空调滤芯盖板,并取下盖板及汽车空调滤芯。

(6)拆卸汽车空调鼓风机,如图 4-12 所示。

(7)拆卸鼓风机电阻,如图 4-13 所示。

图 4-12　拆卸汽车空调鼓风机

图 4-13　鼓风机电阻

问题 6:为什么要拆卸鼓风机电阻?

_____

_____

_____

_____

(8)安装汽车空调可视清洗内窥镜设备,并将设备与高压气管相连接,如图 4-14 所示。

(9)从汽车空调可视清洗套装中找出清洗液,并与设备相连接。

(10)使用汽车空调可视清洗设备,对蒸发箱进行清洗,如图 4-15 所示。

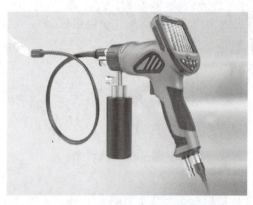

图 4-14　汽车空调可视清洗设备

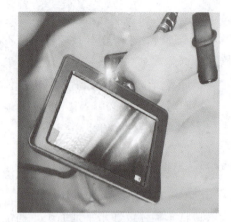

图 4-15　清洗蒸发箱

（11）使用汽车空调可视清洗设备，对鼓风机进行清洗，如图 4-16 所示。

（12）部分鼓风机由于太久没有清洗，杂质附着比较难清洗，这时，可以使用牙刷或其他软毛工具刷洗鼓风机，如图 4-17 所示。

图 4-16　清洗鼓风机

图 4-17　刷洗鼓风机

问题 7：清洗鼓风机应注意什么？

_____
_____
_____
_____

（13）拆卸清洗液瓶，换上杀菌液瓶，依照上述（10）～（12）的方法对蒸发箱和鼓风机进行杀菌。

（14）拆下杀菌液瓶，依照上述（10）～（12）的方法对蒸发箱和鼓风机进行抑菌。

（15）清洗完成后，按照维修手册安装好汽车空调电阻、鼓风机、汽车空调滤芯，安装副驾驶侧储物盒。

(16)将汽车空调暖风开至最大，对安空调蒸发箱进行烘干 5 min 左右。

问题 8：为什么要烘干蒸发箱及鼓风机？

_____
_____
_____
_____

(17)关闭空调开关，汽车空调系统可视清洗完成。

扩展学习：

空调系统荧光检漏

冷媒的更换

注意：1. 维修汽车空调系统或补充制冷剂时，应佩戴防护眼镜。

2. 禁止在汽车空调维修现场进行焊接操作或吸烟。

1. 汽车空调系统的检查项目有哪些？

2. 更换汽车空调滤芯时，应注意哪些问题？

3. 为什么要拆卸维护鼓风机电阻？

4. 汽车空调产生异味的原因有哪些？

汽车空调系统的维护				
序号	内容	配分	扣分	备注
1	能进行工位 8S 操作（总分 15 分） □1.1 整理、整顿：实操过程使用工具及物料分类摆放（3 分） □1.2 清理、清洁：实操结束打扫工位（4 分） □1.3 素养：耗用物料节约使用（3 分） □1.4 安全：安全操作仪器设备（5 分）	15		
2	能进行设备和工具安全检查（总分 10 分） □2.1 检查作业所需要的工具设备是否完备（2 分） □2.2 检查作业环境是否配备灭火器（3 分） □2.3 检查车辆配备是否完备（5 分）	10		
3	注重商务礼仪（总分 10 分） □3.1 正确穿着佩戴胸牌、工服等（3 分） □3.2 作业过程中与客户交谈语气、语速适中（3 分） □3.3 正确做好个人卫生及形象（4 分）	10		
4	能进行工具清洁、校准、存放操作（总分 10 分） □4.1 使用工具前，检查工具、量具状态正常（2 分） □4.2 使用工具后，对工具、量具进行清洁（4 分） □4.3 作业完成后，对工具进行复位（4 分）	10		
5	能进行工具准备及过程规范（总分 9 分） □5.1 检查设备工具状态是否正常（3 分） □5.2 作业过程中工具不掉落（3 分） □5.3 作业过程证件、资料不落地（3 分）	9		
6	□团队协作能力（6 分）	6		
7	□任务完成情况（30 分）	30		
8	□课堂整体表现（10 分）	10		
总评				

汽车空调不制冷的原因之一是制冷剂不足,即制冷压力过低,导致空调系统无法正常工作。这种情况通常是由于制冷剂泄漏导致的系统压力不足,使空调无法达到正常的制冷状态。制冷剂是空调系统中用于吸收和释放热量的介质,如果制冷剂不足,空调系统的冷却效果会大打折扣,甚至完全不制冷。

任务4.2 汽车灯光系统的维护

一辆丰田卡罗拉轿车的车主反映:车辆行驶在国道上,当夜幕降临,打开前照大灯的远光时,远光灯模糊,只好变为近光灯,为了保证行车安全只好降低车速。根据车主对车辆工况现象的反映,该如何进行灯光系统的维护,给客户提供良好的驾乘环境?

任务需要解决的问题
1. 灯光系统的检查维护标准是什么?(重点)
2. 如何用浅显易懂的原理,对客户说明汽车灯光系统的使用注意事项?(难点)
3. 能否独立完成汽车灯光系统的更换?(重点、难点)

知识目标
1. 熟悉所有照明灯的作用、安装位置和特点;
2. 熟悉前照灯的结构形式;
3. 熟悉前照灯为防止眩目所采用的措施;
4. 熟悉照明灯的检查与更换。

能力目标
1. 能够独立完成灯光系统的检查和保养;
2. 能够选择合适的工具进行相关零部件的更换;
3. 能够给客户提供正确的灯光系统保养方案。

素质目标
1. 养成良好的工作习惯;
2. 培养环保、节约、严谨、细致的工作态度;
3. 培养工作中发现问题及解决问题的能力。

汽车灯光系统有三种功能，分别为照明、警示和装饰。

（1）按安装位置可分为车内灯和车外灯，如图 4-18～图 4-21 所示。

图 4-18　车外尾灯

图 4-19　车外前大灯

图 4-20　车内照明灯

图 4-21　车内仪表指示灯

(2)按功能可分为照明灯和信号提示灯。

1)照明灯主要包括以下几种：

①前照灯(大灯，有2～4只，亮度大，用于照亮前面路面)。

②雾灯(分前后，用于有雾天气，一般为黄色或橙色，它波长较长，具有一定的穿透能力)。

③倒车灯(倒车是照亮后面的路面，同时，也有提示路人的作用)。

④牌照灯(照亮车牌，反映汽车信息)。

⑤顶灯(室内灯，内部照明)。

⑥仪表灯(照亮显示屏)。

2)信号提示灯主要包括以下几种：

①示宽灯[俗称小灯，天黑时点亮，反映车辆的存在和轮廓，前后各有两个，前面的是白色的或黄色的，后面的是红色的。停车时，称为驻车灯(书中称为停车灯)，有些车用示宽灯代替尾灯]。

②转向信号灯(一般有六个，四角和侧面，一般为黄色的，转向时，按一定频率闪烁，60～80次/min，有些车用双丝灯泡将示宽灯和转向信号灯安装在一体)。

③制动信号灯(黑白天都用，在车的尾部、红灯比示宽灯要亮、100 m以外要能看到，驾驶员踩制动踏板时，灯亮，提示后车或行人，车辆在减速或停车)。

④还有一些门灯(迎宾灯)、后盖灯、报警灯、防空灯(军用)等，现代汽车前灯和后排灯，一般采用组合式，即将前照灯、转向灯等制成一体。其造型好、密封好。

问题1： 在实车上找出以上灯的位置，并拍摄成图片，配上灯的名称，上传至智慧职教MOOC平台。

(3)组合灯开关。灯光组合开关打开后，仪表灯也会亮起。一般情况下，组合开关安装在方向盘左下方或者驾驶员侧靠近车门的位置。现代轿车为了防止仪表灯炫目，影响驾驶员的夜间驾驶，部分轿车采用防眩目调节开关。部分组合开关的位置如图4-22～图4-24所示。

图4-22 驾驶员左侧组合开关

图 4-23　方向盘左下方组合开关

图 4-24　车内阅读灯开关

问题 2：除以上讲述的灯光开关外，在车上还有哪些地方有灯光开关？请找出这些开关。

_____
_____
_____
_____

1. 实训注意事项

（1）上课时，不准赤脚或穿拖鞋、高跟鞋和裙子，留长发者要佩戴工作帽。

（2）进入实训场地不得打闹，不得携带零食。

（3）进入实训场地，未经指导教师允许，不得动用整车及台架。

（4）实训时，未经指导教师批准，不准进入车内，防止误操作引起事故。

（5）实习结束，整理清洁工具和场地。

2. 设备/工量具/耗材

（1）设备：整车。

（2）耗材：三件套。

3. 车外灯光检查

由于单人对汽车灯光系统检查时间比较长，部分汽车灯光检查靠单人很难完成，因此，现在很多汽车维修企业都采用双人检查的形式，这样，既提升了检查时间，又保证了检查的准确性，因此，这里的汽车灯光检查采用双人配合的形式。

> **小贴士**
>
> 　　理解并掌握汽车灯光系统的功能，用浅显易懂的语言，能够使客户更容易了解汽车灯光系统保养的重要性，使客户体会到接待人员和维修人员的专业性，从而使一个普通客户转化为忠实客户。

注意： 表 4-1 为了说明汽车灯光与开关的关系，将开关位置与手势操作图放在了一起，汽车灯光开关应由车内人员完成操作。

表 4-1 汽车灯光与开关的关系

前部灯光检查	示意图及手势说明、外部灯光			内部指示灯
	外部人员作业			内部操作人员作业
	灯光手势	开关位置	外部灯光	
前示宽灯				打开示宽灯开关，并喊出示宽灯指示灯状态
	手势说明：双臂与肩平齐，双手伸平、手指指向前照灯方向			
	灯光手势	开关位置	外部灯光	
近光灯				打开近光灯开关，并喊出近光灯指示灯状态
	手势说明：双臂向车灯方向伸平，手掌向下			
	灯光手势	开关位置	外部灯光	
远光灯				打开远光灯开关，并喊出远光灯指示灯状态
	手势说明：双臂向上呈 90°弯曲，手背向车灯方向			

续表

前部灯光检查	示意图及手势说明、外部灯光			内部指示灯
	外部人员作业			内部操作人员作业
前雾灯	灯光手势	开关位置	外部灯光	打开前雾灯开关，并喊出前雾灯指示灯状态
	手势说明：双臂向前伸平，双手紧握，大拇指向下			
前左转向灯	灯光手势	开关位置	外部灯光	打开左转向灯开关，并喊出左转向灯指示灯状态
	手势说明：右臂向右伸平，右手示意闪动，做抓挠状			
前右转向灯	灯光手势	开关位置	外部灯光	打开右转向灯开关，并喊出右转向灯指示灯状态
	手势说明：左臂向左伸平，左手示意闪动，做抓挠状			

续表

前部灯光检查	示意图及手势说明、外部灯光	内部指示灯
	外部人员作业	内部操作人员作业
前安全警告灯	灯光手势　开关位置　外部灯光 手势说明：双臂向身体两侧伸展，双手示意灯光闪动，做抓挠状	打开安全警告灯开关，并喊出安全警告灯指示灯状态
后示宽灯	灯光手势　开关位置　外部灯光 手势说明：双臂与肩平齐，双手伸平，手指指向尾灯方向	打开示宽灯开关，并喊出示宽灯指示灯状态
后雾灯	灯光手势　开关位置　外部灯光 手势说明：双臂向上呈90°弯曲，手背向车灯方向	打开后雾灯开关，并喊出后雾灯指示灯状态

项目 4　汽车电气系统维护

125

续表

前部灯光检查	示意图及手势说明、外部灯光	内部指示灯
	外部人员作业	内部操作人员作业
后左转向灯	灯光手势　开关位置　外部灯光 手势说明：左臂向左伸平，左手示意闪动，做抓挠状	打开左转向灯开关，并喊出左转向灯指示灯状态
后右转向灯	灯光手势　开关位置　外部灯光 手势说明：右臂向右伸平，右手示意闪动，做抓挠状	打开右转向灯开关，并喊出右转向灯提示灯状态
后安全警告灯	灯光手势　开关位置　外部灯光 手势说明：双臂向身体两侧伸展，双手示意灯光闪动，做抓挠状	打开安全警告灯开关，并喊出安全警告灯提示灯状态

126

续表

前部灯光检查	示意图及手势说明、外部灯光			内部指示灯
	外部人员作业			内部操作人员作业
制动灯	灯光手势	开关位置 踩下制动踏板	外部灯光	踩下制动踏板，并喊出制动踏板提示灯状态
	手势说明：双臂向下呈 60°舒展，双手伸平，指向车灯位置			
倒车灯	灯光手势	开关位置 挂入倒档	外部灯光	挂入倒挡，挡位指示灯
	手势说明：双臂向内侧呈 90°弯曲，手背朝向车辆后部灯光			
倒车雷达				
	手势说明：单手从雷达探头处掠过			

问题 3：仔细观察表 4-1 中外部人员作业的手势，说出前部灯光与后部灯光检查中，外部人员的手势与灯光所在位置有何关系？

前部灯光检查

后部灯光检查

4. 车内灯光检查

（1）检查仪表灯光，如图 4-25 所示，仪表指示灯、故障灯状态。

图 4-25　仪表指示灯

（2）检查化妆镜灯，打开化妆镜灯盖，化妆镜灯应能正常开启，如图 4-26 所示。

（3）检查阅读灯，打开阅读灯，阅读灯应正常亮起，如图 4-27 所示。

图 4-26　化妆镜灯

图 4-27　阅读灯

(4)检查储物箱灯光,打开储物箱,储物箱照明灯应正常点亮,如图 4-28 所示。

(5)打开后备箱,后备箱照明灯应正常亮起,如图 4-29 所示。

(6)打开车门,迎宾灯应能正常亮起。

图 4-28　储物箱照明灯

图 4-29　后备箱照明灯

注意:灯检是车辆安全的重要组成部分,定期进行灯检可以确保车辆的灯光系统正常工作,提高驾驶的安全性。

检查车内电器

1. 汽车灯光系统的检查项目有哪些?

2. 更换前大灯应该注意哪些问题?

3. 如何快速进行灯光系统的维护项目检查?

序号	内容	汽车灯光系统的维护 配分	扣分	备注
1	能进行工位8S操作（总分15分） □1.1 整理、整顿：实操过程使用工具及物料分类摆放（3分） □1.2 清理、清洁：实操结束打扫工位（4分） □1.3 素养：耗用物料节约使用（3分） □1.4 安全：安全操作仪器设备（5分）	15		
2	能进行设备和工具安全检查（总分10分） □2.1 检查作业所需要的工具设备是否完备（2分） □2.2 检查作业环境是否配备灭火器（3分） □2.3 检查车辆配备是否完备（5分）	10		
3	注重商务礼仪（总分10分） □3.1 正确穿着佩戴胸牌、工服等（3分） □3.2 作业过程中与客户交谈语气、语速适中（3分） □3.3 正确做好个人卫生及形象（4分）	10		
4	能进行工具清洁、校准、存放操作（总分10分） □4.1 使用工具前，检查工具、量具状态正常（2分） □4.2 使用工具后，对工具、量具进行清洁（4分） □4.3 作业完成后，对工具进行复位（4分）	10		
5	能进行工具准备及过程规范（总分9分） □5.1 检查设备工具状态是否正常（3分） □5.2 作业过程中工具不掉落（3分） □5.3 作业过程证件、资料不落地（3分）	9		
6	□团队协作能力（6分）	6		
7	□任务完成情况（30分）	30		
8	□课堂整体表现（10分）	10		
	总评			

汽车前大灯好比汽车的眼睛,是驾驶者意图的显示,特别在黑暗的夜晚,它还能为驾驶者指明前进的方向。所以,保养好汽车的眼睛很重要。检查车外灯具、灯泡烧坏故障,是一项极其迅速而又简单的工作。但是,对车外灯具进行全面系统的维护就并非那么简单了。及时维护车外灯具对驾驶者至关重要,因为,这不仅影响行车的舒适性,而且还直接关系行车的安全性。通常在得到提醒之前,车主很难意识到前大灯、尾灯、转向灯或驻车灯已经不能正常进行工作。

任务4.3　汽车座椅及安全带、安全气囊的检查

一辆丰田卡罗拉轿车的车主反映:安全带卡扣特别难拔出,有时甚至无法拔出。根据车主对车辆工况现象的反映,应该如何进行安全带的检查维护,给客户提供良好的驾乘舒适感呢?

任务需要解决的问题

1. 汽车座椅及安全带、安全气囊检查维护的标准是什么?(重点)
2. 如何用浅显易懂的原理对客户说明汽车座椅及安全带、安全气囊检查的使用注意事项?(难点)
3. 能否独立完成汽车座椅、安全带及安全气囊的更换?(重点、难点)

知识目标

1. 了解汽车电动座椅的基本结构及作用;
2. 熟悉汽车电动座椅的工作原理;
3. 了解安全带的基本结构及作用;
4. 熟悉安全气囊的工作原理。

能力目标

1. 能够独立完成汽车座椅及安全气囊的检查和保养;
2. 能够选择合适的工具进行相关零部件的更换;
3. 能够给客户提供正确的安全气囊保养方案。

素质目标

1. 养成良好的工作习惯;
2. 培养环保、节约、严谨、细致的工作态度;
3. 培养工作中发现问题及解决问题的能力。

4.3.1 汽车座椅

汽车座椅通常都具有调节功能,可以根据驾驶员的需要进行调节,按照操作方式可分为手动调节和电动调节两种,如图 4-30、图 4-31 所示,现在很多车上电动调节座椅还具有记忆功能,可以根据不同驾驶员设定的不同位置,进行自动调节。

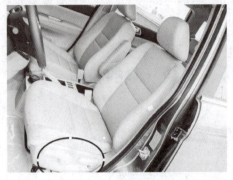

图 4-30 手动调节座椅

图 4-31 电动调节座椅

问题 1:查阅资料说明,带记忆功能的电动座椅按钮上"M"的含义是什么?

_____
_____
_____
_____

4.3.2 安全带及安全气囊

1. 安全带

安全带作为汽车发生碰撞过程中,保护驾驶员的基本防护装置,如图 4-32 所示。

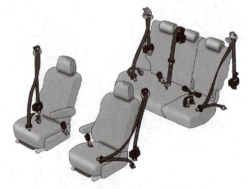

图 4-32 安全带位置示意

目前，车辆比较普遍采用的两种三点式安全带，分别为普通三点式安全带和预警式安全带，如图 4-33、图 4-34 所示。

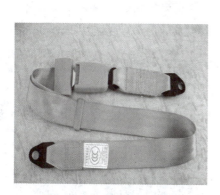

图 4-33　普通三点式安全带

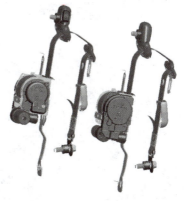

图 4-34　预警式安全带

问题 2：后排座椅上的乘客不需要系安全带，这种说法对吗？为什么？

汽车安全带检查

2. 安全气囊

安全气囊系统是一种被动安全性的保护系统，它与汽车座椅、安全带配合使用，可以为驾驶员和副驾驶提供有效的防撞保护，如图 4-35 所示。

图 4-35　安全气囊位置

问题 3：如何在实车上判断安全气囊安装的位置？

3. 安全带及安全气囊指示灯

安全带指示灯又称为未系好安全带警告灯，用以提醒车上人员系好安全带，如图 4-36 所示；安全气囊指示灯用以提醒车上人员安全气囊工作是否正常，如图 4-37 所示。

图 4-36　安全带警告灯

图 4-37　安全气囊指示灯

问题 4：请依次写出未系好安全带警告灯、安全气囊故障指示灯的颜色。

_____

_____

_____

_____

1. 实训注意事项

(1)上课时，不准赤脚或穿拖鞋、高跟鞋和裙子，留长发者要佩戴工作帽。

(2)进入实训场地不得打闹，不得携带零食。

(3)进入实训场地，未经指导教师允许，不得动用整车及台架。

(4)实训时，未经指导教师批准，不准进入车内，防止误操作引起事故。

(5)实习结束，整理清洁工具和场地。

2. 设备/工量具/耗材

(1)设备：整车。

(2)耗材：三件套。

3. 汽车座椅的检查

(1)前后调节座椅时，应能够顺利调节、无卡滞，电动座椅操作键功能正常。

(2)椅背倾斜操作应平滑、无卡滞，电动调节操作键功能正常。

(3)座椅坐垫调节正常，操作键功能正常，如图 4-38 所示。

座椅系统调整

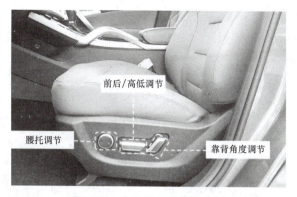

图 4-38 电动座椅调节键说明

(4)带有记忆功能的电动座椅还应检查座椅记忆功能运行是否正常。

(5)检查副驾驶座椅相关调节功能。

4．安全带检查

(1)检查安全带外观有无损坏。

(2)缓慢拉出安全带时,安全带应能顺利拉出,松开安全带,安全带应能平顺收回;迅速拉出安全带,安全带应能正常锁止。依次检查左前、左后、右后、右前安全带。

(3)将安全带插入卡槽,仪表指示灯应能正常熄灭。安全带的检查如图 4-39 所示。

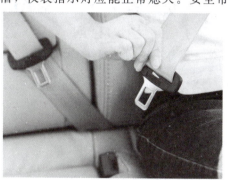

图 4-39 安全带的检查

理解并掌握安全带的工作原理和功能,用浅显易懂的语言,能够使客户更容易了解安全带检查和保养的重要性,使客户体会到接待人员和维修人员的专业性,从而使一个普通客户转化为忠实客户。

5．安全气囊的检查

(1)启动车辆,安全气囊指示灯应亮起 3 s 左右后自动熄灭;否则,安全气囊存在故障。

(2)检查驾驶员侧方向盘安全气囊外表面有无破损。

(3)检查副驾驶侧安全气囊有无破损。

(4)带有安全气帘等安全保护装置的,还应检查安全气帘外表面是否存在破损。如果以上安全装置存在破损,应立即维修。安全气囊的检查如图4-40所示。

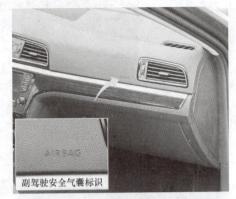

图4-40 安全气囊的检查

问题5:副驾驶是否可以乘坐未满12周岁的儿童,为什么?

注意:关闭点火开关,并将蓄电池负极电缆端子拆下90 s以上时,才可以开始安全气囊的检修工作。即使只发生了轻微碰撞而气囊并没有张开,也应仔细检查安全气囊、传感器、汽车座椅安全带收紧器、控制电脑,以及电缆、插头等。

1. 汽车座椅、安全带及安全气囊的检查项目有哪些?

2. 更换安全气囊应注意哪些问题?

3. 后排座椅上的乘客不需要系安全带，这种说法对吗？为什么？

汽车座椅及安全带、安全气囊的检查				
序号	内容	配分	扣分	备注
1	能进行工位 8S 操作（总分 15 分） □1.1 整理、整顿：实操过程使用工具及物料分类摆放(3分) □1.2 清理、清洁：实操结束打扫工位(4分) □1.3 素养：耗用物料节约使用(3分) □1.4 安全：安全操作仪器设备(5分)	15		
2	能进行设备和工具安全检查（总分 10 分） □2.1 检查作业所需要的工具设备是否完备(2分) □2.2 检查作业环境是否配备灭火器(3分) □2.3 检查车辆配备是否完备(5分)	10		
3	注重商务礼仪（总分 10 分） □3.1 正确穿着佩戴胸牌、工服等(3分) □3.2 作业过程中与客户交谈语气、语速适中(3分) □3.3 正确做好个人卫生及形象(4分)	10		
4	能进行工具清洁、校准、存放操作（总分 10 分） □4.1 使用工具前，检查工具、量具状态正常(2分) □4.2 使用工具后，对工具、量具进行清洁(4分) □4.3 作业完成后，对工具进行复位(4分)	10		
5	能进行工具准备及过程规范（总分 9 分） □5.1 检查设备工具状态是否正常(3分) □5.2 作业过程中工具不掉落(3分) □5.3 作业过程证件、资料不落地(3分)	9		
6	□团队协作能力(6分)	6		
7	□任务完成情况(30分)	30		
8	□课堂整体表现(10分)	10		
总评				

在汽车的日常维护和保养过程中，安全带的重要性不容忽视。与其他关键零部件相同，安全带必须得到定期的使用与维护，并需要经常检测其性能状态。

安全带在车辆行驶过程中承受着巨大的拉伸力。即使外观未见明显损坏，但基于其使用寿命和性能稳定性考虑，一旦达到更换标准，必须及时更换，不得继续使用。此外，在车辆遭遇事故后，无论安全气囊是否启动，均建议车主及时将车辆送至专业维修站点，对涉及安全的相关系统进行全面检测与维修。特别是当车辆发生过导致安全气囊弹出的严重碰撞事故时，安全带的性能很可能已受到严重影响，必须立即进行更换。若忽视安全带的及时更换，其可能因老化失效带来的安全风险将无法估量。

任务 4.4 　汽车车载信息娱乐系统检查

客户反映自己的奥迪 A8L 导航系统经常搜索不到卫星信息，无法正常进行导航，这为出行带来很大不便，客户希望尽快修复故障。

任务需要解决的问题

1. 汽车车载信息系统检查的主要项目？（重点）
2. 如何用浅显易懂的原理与客户进行交流有关汽车车载信息的使用？（难点）
3. 能否独立完成相关汽车车载信息系统的更换？（重点、难点）

知识目标

1. 了解汽车车载信息娱乐系统的应用，熟悉汽车车载系统的具体功能；
2. 掌握汽车车载信息娱乐系统的基本组成；
3. 掌握汽车车载信息娱乐系统的工作原理。

能力目标

1. 运用汽车车载信息娱乐系统的工作原理，向客户提出正确使用和维护的建议；
2. 能够按照规范，完成汽车车载信息娱乐系统的维护工作；
3. 能够独立完成汽车车载信息娱乐系统的更换。

素质目标

1. 养成良好的工作习惯；
2. 培养环保、节约、严谨、细致的工作态度；
3. 培养工作中发现问题、解决问题的能力。

汽车车载信息娱乐系统(In-Vehicle Infotainment，IVI)，是采用车载专用中央处理器，基于车身总线系统和互联网服务，形成的车载综合信息处理系统(图4-41)。IVI 能够实现包括三维导航、实时路况、IPTV、辅助驾驶、故障检测、车辆信息、车身控制、移动办公、无线通信，以及基于在线的娱乐功能和 TSP 服务等一系列应用，极大地提升了车辆电子化、网络化和智能化的水平。

图 4-41 汽车车载信息娱乐系统

1. 实训注意事项

(1)上课时，不准赤脚或穿拖鞋、高跟鞋和裙子，留长发者要佩戴工作帽。
(2)进入实训场地不得打闹，不得携带零食。
(3)进入实训场地，未经指导教师允许，不得动用整车及台架。
(4)实训时，未经指导教师批准，不准进入车内，防止误操作引起事故。
(5)实习结束，整理清洁工具和场地。

2. 设备/工量具/耗材

(1)设备：整车。
(2)耗材：三件套。

3. 汽车车载信息娱乐系统检查

(1)检查音响系统工作是否正常(包括电源、选台、音量等)，如图 4-42 所示。
(2)检查导航系统工作是否正常，如图 4-43 所示。
(3)检查车载电话工作是否正常，如图 4-44 所示。
(4)检查系统与手机连接是否正常，如图 4-45 所示。
(5)检查车载信息娱乐系统的其他功能。

汽车音响的使用与维护

图 4-42 音响检查

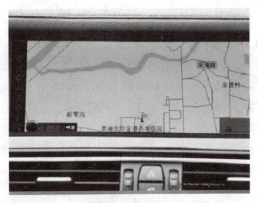
图 4-43 导航检查

图 4-44 车载电话检查

图 4-45 与手机连接检查

小贴士

理解并掌握汽车车载信息系统的工作原理和功能，用浅显易懂的语言，能够使客户更容易了解车载系统给驾乘带来的舒适感和安全感，使客户体会到接待人员和维修人员的专业性，从而使一个普通客户转化为忠实客户。

问题：根据所提供的车型，拍摄汽车车载信息娱乐系统的检查视频，并上传至智慧职教 MOOC 平台。

任务反思

1. 汽车车载信息娱乐系统的检查项目有哪些？

2. 汽车车载信息娱乐系统的组成有哪些？

任务评估

汽车车载信息娱乐系统检查					
序号	内容	配分	扣分	备注
1	能进行工位8S操作(总分15分) □1.1 整理、整顿：实操过程使用工具及物料分类摆放(3分) □1.2 清理、清洁：实操结束打扫工位(4分) □1.3 素养：耗用物料节约使用(3分) □1.4 安全：安全操作仪器设备(5分)	15		
2	能进行设备和工具安全检查(总分10分) □2.1 检查作业所需要的工具设备是否完备(2分) □2.2 检查作业环境是否配备灭火器(3分) □2.3 检查车辆配备是否完备(5分)	10		
3	注重商务礼仪(总分10分) □3.1 正确穿着佩戴胸牌、工服等(3分) □3.2 作业过程中与客户交谈语气、语速适中(3分) □3.3 正确做好个人卫生及形象(4分)	10		
4	能进行工具清洁、校准、存放操作(总分10分) □4.1 使用工具前，检查工具、量具状态正常(2分) □4.2 使用工具后，对工具、量具进行清洁(4分) □4.3 作业完成后，对工具进行复位(4分)	10		
5	能进行工具准备及过程规范(总分9分) □5.1 检查设备工具状态是否正常(3分) □5.2 作业过程中工具不掉落(3分) □5.3 作业过程证件、资料不落地(3分)	9		
6	□团队协作能力(6分)	6		
7	□任务完成情况(30分)	30		
8	□课堂整体表现(10分)	10		
总评					

任务 4.5　车门、车窗及天窗、后视镜的检查

一辆丰田卡罗拉轿车的车主反映，车窗玻璃升降缓慢，甚至有时候会卡滞。根据车主对车辆工况现象的反映，该如何进行车门、车窗的检查和维护，给客户提供良好的驾乘环境。

任务需要解决的问题

1. 车门、车窗及天窗、后视镜检查和维护的标准是什么？（重点）
2. 如何用浅显易懂的原理，对客户说明车门、车窗及天窗、后视镜检查的注意事项？（难点）
3. 能否独立或协作完成车门、车窗及天窗、后视镜的检查更换？（重点、难点）

知识目标

1. 了解车门、车窗的基本结构及作用；
2. 熟悉车窗、后视镜的工作原理。

能力目标

1. 能够独立完成车门、车窗的检查和保养；
2. 能够选择合适的工具进行车门等相关零部件的更换；
3. 能够给客户提供正确的车窗、后视镜保养方案。

素质目标

1. 养成良好的工作习惯；
2. 培养环保、节约、严谨、细致的工作态度；
3. 培养工作中发现问题、解决问题的能力。

4.5.1　车门

车门是为驾驶员和乘客提供出入车辆的通道，并隔绝车外干扰，在一定程度上减轻侧面撞击，保护乘员。汽车的美观也与车门的造型有关。车门的好坏主要体现在车门的防撞性能、车门的密封性能和车门的开合便利性等方面，还有其他使用功能的指标等。防撞性能尤为重要，因为车辆发生侧碰时，缓冲距离很短，很容易伤到车内人员。车门如图 4-46 所示。

为了使汽车的使用方便和安全，汽车中控门锁（简称中控门锁）对 4 个车门的锁闭和开启实行集中控制，如图 4-47 所示。

另外，车门还包括发动机舱盖及后备厢舱盖。

图 4-46　车门

图 4-47　中控门锁

4.5.2　车窗、天窗

车窗是整个车身的重要组成部分，是为了满足车内采光、通风及司乘人员视野的需要而设计的。车窗按玻璃安装位置不同，可分为前、后风窗，侧窗和门窗。车窗的造型结构及质量对驾驶员的视野、乘客的舒适感、外形的美观，以及空气动力特性等方面有较大的影响。车窗结构通常为曲面封闭式，在车身的车窗框与车窗玻璃之间，用橡胶密封条连接。密封条起密封和缓冲作用，以防止因车身受力使窗框变形时，不致损坏风窗玻璃。车窗及车窗开关分别如图 4-48、图 4-49 所示。

图 4-48　车窗

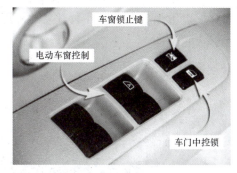

图 4-49　车窗开关

现代车辆为了保护驾乘人员，很多车窗都有防夹功能，当车窗玻璃在上升过程中遇到较大的阻力时，车窗会自动下降。

汽车天窗安装于车顶，能够有效地使车内空气流通，增加新鲜空气的进入，同时，汽车天窗也可以开阔视野及移动摄影摄像的拍摄需求。天窗及天窗开关分别如图 4-50、图 4-51 所示。

汽车天窗可大致分为外滑式、内藏式、内藏外翻式、全景式和窗帘式等。其主要安装于商用 SUV、轿车等车型上。

图 4-50 天窗

图 4-51 天窗开关

问题 1：如果你是车辆购买者，你会选择有天窗的车辆还是没有天窗的车辆，为什么？

_____

_____

_____

_____

4.5.3 后视镜

汽车后视镜位于汽车头部的左右两侧，以及汽车内部的前方。汽车后视镜反映汽车后方、侧方和下方的情况，使驾驶者可以间接地看清楚这些位置的情况，它起着"第二只眼睛"的作用，扩大了驾驶者的视野范围。后视镜如图 4-52 所示，后视镜调节按钮如图 4-53 所示。

图 4-52 后视镜

图 4-53 后视镜调节按钮

后视镜以安装位置划分，可分为外后视镜、下后视镜和内后视镜。外后视镜反映汽车后侧方，下后视镜反映汽车前下方，内后视镜反映汽车后方及车内情况。用途不同，镜面结构也会有所不同。一般后视镜镜面主要有两种：一种是平面镜，顾名思义镜面是平的，用术语表述就是"表面曲率半径 R 无穷大"，这与一般家庭用镜一样，

汽车电动后视镜

可得到与目视大小相同的影像,这种平面镜常用作内后视镜;另一种是凸面镜,镜面呈球面状,具有大小不同的曲率半径,它的影像比目视要小,但视野范围大,类似相机"广角镜"的作用,这种凸面镜常用作外后视镜和下后视镜。轿车及其他轻型乘用车一般装配外后视镜和内后视镜,大型商用汽车(大客车和大货车)一般装配外后视镜、下后视镜和内后视镜。

问题 2:后视镜都有哪些功能?

___

___

___

___

后视镜的使用如下:

(1)停车、起步、超车、转弯、掉头等行驶路线将要发生变化时,都先给出相应的行车信号,同时,一定要注意观察后视镜,及时了解两侧和后方的交通情况,防止出现突然情况时,措手不及。

(2)行车前,要调整好后视镜的位置和角度。行车中,由于车辆的行驶振动,容易引起后视镜的位置和角度变化,对此,应注意观察并及时调整。

(3)在通过集市、交叉路口等行车人较多的地方,要缓慢行进,并应注意观察后视镜。

(4)在通过两边有非机动车或行人的窄路、窄桥时,要减速慢行,适当注意后视镜;要与非机动车或行人保持必要的横向间距。

(5)多注意和前车保持必要的安全距离,还要通过后视镜观察、判断后面车辆的跟车距离,在处理情况时,要做到心中有数,以免发生追尾事故。

(6)在预见性制动前,要观察车后视镜,注意后面车辆的位置和相对行驶速度,再决定采取的制动措施,以防止制动时追尾。

(7)在通过交叉路口时,交通冲突较多,要降低车速,注意观察两侧行人和车辆情况,在保证安全的前提下顺利通过。

理解并掌握后视镜的工作原理和功能,用浅显易懂的语言,能够使客户更容易了解后视镜检查和保养的重要性,使客户体会到接待人员和维修人员的专业性,从而使一个普通客户转化为忠实客户。

1. 实训注意事项

(1)上课时,不准赤脚或穿拖鞋、高跟鞋和裙子,留长发者要佩戴工作帽。

(2)进入实训场地不得打闹,不得携带零食。

(3)进入实训场地,未经指导教师允许,不得动用整车及台架。

(4)实训时,未经指导教师批准,不准进入车内,防止误操作引起事故。

(5)实习结束,整理清洁工具和场地。

2. 设备/工量具/耗材

(1)设备:整车。

(2)耗材:三件套。

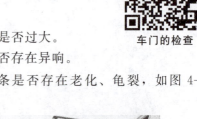

车门的检查

3. 车门、车窗及天窗检查

(1)上下、左右晃动车门,检查车门铰接间隙是否过大。

(2)打开、关闭车门,查看车门在此过程中是否存在异响。

(3)对车门铰接处进行润滑,检查车门密封条是否存在老化、龟裂,如图4-54、图4-55所示。

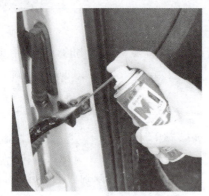

图4-54 车门铰接润滑

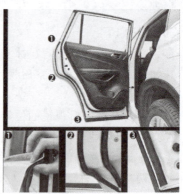

图4-55 车门密封检查

(4)检查车门门锁并润滑。

(5)检查车门中控门锁开关是否正常。

(6)上下、左右调整后视镜,查看后视镜调节是否正常。

(7)调整车内后视镜。

(8)操作车窗开关,查看车窗功能是否正常,检查车窗密封条是否存在老化、龟裂现象,如图4-56、图4-57所示。

图4-56 车窗防夹功能检查

图4-57 密封检查

(9)打开、关闭天窗,查看天窗运行是否平顺,检查天窗密封是否有老化、龟裂现象。

(10)清洁并润滑天窗轨道,如图 4-58 所示。

(11)打开发动机舱盖,上下轻轻晃动,检查其是否存在异响,如图 4-59 所示。

发动机舱盖的检查

(12)打开后备箱盖,上下轻轻晃动,查看其打开是否平顺,有无异响,对后备箱盖铰接处进行润滑,如图 4-60 所示。

(13)清洁并润滑门锁、发动机舱盖锁、后备箱舱盖锁,如图 4-61 所示。

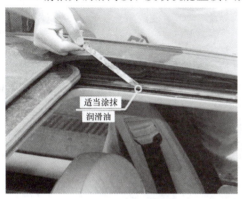

图 4-58　天窗润滑

图 4-59　发动机舱盖检查

图 4-60　后备箱铰接检查

图 4-61　门锁润滑

问题 3:根据实践操作内容,简述在操作中遇到的问题,以及检测出车辆所存在的问题。

_____

_____

_____

_____

注意:车门检查时,注意外观、开合情况、密封性、限位器、螺钉和固定件、玻璃和升降器等。通过仔细检查,可以及时发现并解决车门存在的问题,确保车辆的安全性和稳定性。

1. 车门、车窗及天窗、后视镜的检查项目有哪些？

2. 更换车窗玻璃应注意哪些问题？

车门、车窗及天窗、后视镜的检查					
序号	内容			配分	扣分	备注

序号	内容	配分	扣分	备注
1	能进行工位 8S 操作(总分 15 分) □1.1 整理、整顿：实操过程使用工具及物料分类摆放(3分) □1.2 清理、清洁：实操结束打扫工位(4分) □1.3 素养：耗用物料节约使用(3分) □1.4 安全：安全操作仪器设备(5分)	15		
2	能进行设备和工具安全检查(总分 10 分) □2.1 检查作业所需要的工具设备是否完备(2分) □2.2 检查作业环境是否配备灭火器(3分) □2.3 检查车辆配备是否完备(5分)	10		
3	注重商务礼仪(总分 10 分) □3.1 正确穿着佩戴胸牌、工服等(3分) □3.2 作业过程中与客户交谈语气、语速适中(3分) □3.3 正确做好个人卫生及形象(4分)	10		
4	能进行工具清洁、校准、存放操作(总分 10 分) □4.1 使用工具前，检查工具、量具状态正常(2分) □4.2 使用工具后，对工具、量具进行清洁(4分) □4.3 作业完成后，对工具进行复位(4分)	10		
5	能进行工具准备及过程规范(总分 9 分) □5.1 检查设备工具状态是否正常(3分) □5.2 作业过程中工具不掉落(3分) □5.3 作业过程证件、资料不落地(3分)	9		
6	□团队协作能力(6分)	6		
7	□任务完成情况(30分)	30		
8	□课堂整体表现(10分)	10		
总评				

汽车后视镜,作为车辆安全驾驶的重要辅助工具,其重要性不言而喻。在日常行驶过程中,后视镜的清晰度和稳定性对驾驶者至关重要。为确保其性能,车主应定期对后视镜进行清洁保养,并避免随意调整其镜片,以预防其松动或移位。在需要替换后视镜时,车主可根据车辆说明书中的指导,以专业、规范的方式进行更换。

随着汽车科技的进步,现代车辆普遍采用电动调节系统来精准调整后视镜角度,这极大提升了驾驶的便捷性和安全性。然而,仍需要提醒车主,在调整后视镜时,应避免使用过大力量直接拨动镜片,以防止其损坏,从而影响正常使用。若因操作不当导致后视镜镜片松动,不仅会降低其稳定性,还可能增加驾驶者的视觉疲劳,对行车安全造成潜在威胁。因此,车主在日常使用中应严格遵守操作规范,确保后视镜始终处于最佳状态。

任务4.6 蓄电池的检查

张先生反映,早上出车时,汽车启动较为困难,按喇叭时声音不大,随后将车开到4S店咨询技术人员,进行检查和维护。

任务需要解决的问题

1. 蓄电池检查和维护的标准是什么?(重点)
2. 如何用浅显易懂的原理,对客户说明蓄电池的注意事项?(难点)
3. 能否独立进行蓄电池的检查和更换?(重点、难点)

知识目标

1. 了解蓄电池的基本结构及作用;
2. 熟悉蓄电池的工作原理。

能力目标

1. 能够独立完成蓄电池的检查和保养;
2. 能够选择合适的工具,进行相关零部件的更换;
3. 能够给客户提供正确的蓄电池保养方案。

素质目标

1. 养成良好的工作习惯；
2. 培养环保、节约、严谨、细致的工作态度；
3. 培养工作中发现问题、解决问题的能力。

4.6.1 蓄电池简介

汽车电瓶也叫作蓄电池，是电池的一种。其工作原理就是将化学能转化为电能。通常，人们所说的电瓶是指铅酸蓄电池，即主要由铅和铅的氧化物构成。其电解液是硫酸溶液的蓄电池，如图 4-62 所示。

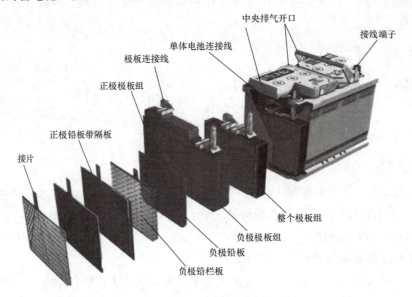

图 4-62　蓄电池的结构

1. 普通蓄电池

普通蓄电池的极板是由铅和铅的氧化物构成的。其电解液是硫酸溶液。其主要优点是电压稳定、价格低；其缺点是比能低（即每公斤蓄电池存储的电能）、使用寿命短和日常维护频繁。

2. 干荷蓄电池

干荷蓄电池的全称是干式荷电铅酸蓄电池，其主要特点是负极板有较高的储电能力，在完全干燥的状态下，能在两年内保存所得到的电量，使用时，只需要加入电解液，经过 20～30 min 就可以使用。

3. 免维护蓄电池

免维护蓄电池由于自身结构的优势，电解液的消耗量非常小，在使用寿命内基本不需要补充蒸馏水,如图4-63所示。它还具有耐震、耐高温、体积小、自放电小的特点。免维护蓄电池的使用寿命一般为普通蓄电池的两倍。市场上的免维护蓄电池一般分为两种:一种是在购买时一次性加好电解液,在后续的使用中不需要维护(添加补充液);另一种是电池本身出厂时就已经加好电解液并封死,用户根本就不能加补充液。

图4-63 免维护蓄电池

蓄电池的位置一般在发动机舱或后备箱,或后排座椅下,如图4-64所示。

  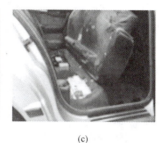

(a) (b) (c)

图4-64 蓄电池的常见位置

(a)发动机舱;(b)后备箱;(c)后排座椅下

电眼也是最直观的检查点。电眼是蓄电池检查的观察孔,电眼的颜色有绿色、黑色、白色三种,如图4-65所示。

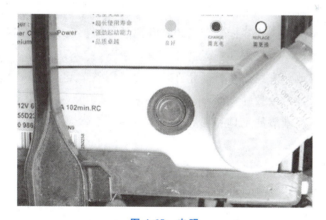

图4-65 电眼

如果电眼显示为绿色时,说明电瓶电量充沛;如果发现电眼发白,可能是电瓶故障,电眼中有气泡,可轻微摇晃电池将气泡赶走。若摇晃后仍然发白,则应更换电瓶;如果电眼显示为黑色,这可能是电瓶亏电,应尽快给电瓶充电,同时,应检查充电连线是否连接牢固,连接点是否清洁,电瓶电压是否达到规定,并继续补充电。

电眼并不是判断电瓶的唯一手段,有很多车辆可以通过用电设施的亮度进行判断,电瓶正常的使用周期是2~4年。

4.6.2 蓄电池的充电方法

电瓶充电有两种方法，一种是快速充电；另一种是慢充电。

(1)快速充电(恒流充电)。许多车主认为快速充电可以节省时间，只需要3~5 h；其实不然，快速充电只是迅速把电池表面激活，而实际上电池内部是没有完全充满电的。

(2)慢充电(恒压充电)。汽车电瓶还有一种充电方式，为慢充电，充电时间为10~15 h，那些深亏电池就必须进行慢充电；否则充电时间不够，充电量不足，这样会直接影响汽车的行驶性能。

问题1：简述如何用一辆有电的车给另一辆没有电的车进行搭电操作。

_____
_____
_____
_____

1. 实训注意事项

(1)上课时，不准赤脚或穿拖鞋、高跟鞋和裙子，留长发者要佩戴工作帽。

(2)进入实训场地不得打闹，不得携带零食。

(3)进入实训场地，未经指导教师允许，不得动用整车及台架。

(4)实训时，未经指导教师批准，不准进入车内，防止误操作引起事故。

(5)实习结束，整理清洁工具和场地。

2. 设备/工量具/耗材

(1)设备：整车。

(2)耗材：三件套、抹布、钢刷、凡士林、蓄电池检测仪。

3. 蓄电池的检查与养护

(1)车辆放置在水平地面上，打开发动机舱盖，铺设叶子板布，清洁蓄电池。

(2)使用蓄电池检测仪检测蓄电池容量等，如图4-66所示。

(3)拆卸蓄电池正、负极接线柱。

(4)使用钢刷清洁蓄电池极桩上的氧化物，如图4-67所示，用钢刷清洁接线上的氧化物。

(5)清洁完成后，给蓄电池极桩涂上凡士林，安装蓄电池接线。

(6)检测电解液密度(可维护电池)，不足时应添加，如图4-68所示。

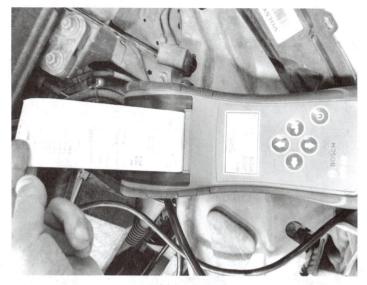

图 4-66 蓄电池检测

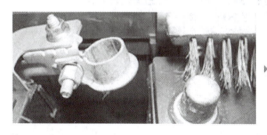

图 4-67 清洁蓄电池极桩

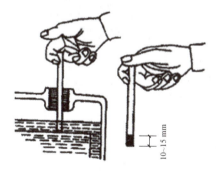

检查电解液液面高度，随时观察电瓶电量

图 4-68 电解液密度检测

小贴士

理解并掌握蓄电池的工作原理和功能，用浅显易懂的语言，能够使客户更容易了解蓄电池检查和保养的重要性，使客户体会到接待人员和维修人员的专业性，从而使一个普通客户转化为忠实客户。

问题 2：为什么要涂抹凡士林？

_____

_____

_____

（7）用扭力扳手将螺栓紧至规定力矩。
（8）放下发动机舱盖。
（9）启动车辆，观察仪表是否存在故障码，若有，则用诊断仪清除故障码。
（10）对实训设备、场地进行7S管理。

蓄电池如何充电

蓄电池的清洁与检查

汽车蓄电池的检测

注意：（1）要检查蓄电池在车上是否固定好，外壳表面是否有磕碰伤；

（2）检查蓄电池电缆是否连接可靠，排气孔是否有灰尘；

（3）注意通过蓄电池上的电眼检查充电情况和质量状态，绿色表示合格，黑色表示亏电，白色表示电池损坏需要更换。

1. 蓄电池的检查项目有哪些？

2. 更换蓄电池应注意哪些问题？

任务评估

蓄电池的检查				
序号	内容	配分	扣分	备注
1	能进行工位 8S 操作（总分 15 分） □1.1 整理、整顿：实操过程使用工具及物料分类摆放(3分) □1.2 清理、清洁：实操结束打扫工位(4分) □1.3 素养：耗用物料节约使用(3分) □1.4 安全：安全操作仪器设备(5分)	15		
2	能进行设备和工具安全检查（总分 10 分） □2.1 检查作业所需要的工具设备是否完备(2分) □2.2 检查作业环境是否配备灭火器(3分) □2.3 检查车辆配备是否完备(5分)	10		
3	注重商务礼仪（总分 10 分） □3.1 正确穿着佩戴胸牌、工服等(3分) □3.2 作业过程中与客户交谈语气、语速适中(3分) □3.3 正确做好个人卫生及形象(4分)	10		
4	能进行工具清洁、校准、存放操作（总分 10 分） □4.1 使用工具前，检查工具、量具状态正常(2分) □4.2 使用工具后，对工具、量具进行清洁(4分) □4.3 作业完成后，对工具进行复位(4分)	10		
5	能进行工具准备及过程规范（总分 9 分） □5.1 检查设备工具状态是否正常(3分) □5.2 作业过程中工具不掉落(3分) □5.3 作业过程证件、资料不落地(3分)	9		
6	□团队协作能力(6分)	6		
7	□任务完成情况(30分)	30		
8	□课堂整体表现(10分)	10		
总评				

拓展阅读

汽车蓄电池使用应注意以下事项：

（1）当电池的电压不足且灯光暗淡、启动无力时，应及时进行车外充电。

（2）电池应远离热源和明火，充电及使用时应保持通风，以防止燃烧伤人。

（3）蓄电池在车辆上安装要牢固，减轻振动。

（4）经常检查蓄电池极柱固定夹是否牢固并接触良好，防止产生火花，引起蓄电池爆炸。蓄电池固定夹产生的氧化物、硫酸盐，必须刮净，并涂以凡士林，以防止再受锈蚀。

（5）防止蓄电池过渡充电或长期亏电。

（6）车辆在寒区行驶，要避免蓄电池完全放电，以免电解液冻结。

（7）蓄电池接线柱、端子及相关附件含有铅及铅化合物，这些化学物质可影响身体健康。因此，接触后应洗手。

（8）停车时，车辆电路系统会存在微弱的电流消耗，长时间静置车辆将导致蓄电池电量耗尽。

（9）不要频繁启动车辆。如果第一次启动失败，不要急于反复启动。从汽车的工作原理来说，此时连续启动电动机肯定会造成电瓶过渡放电而受损。防止蓄电池长时间大电流放电，每次使用启动时间不能大于 5 s，两次连续启动时间，中间间隔至少 15 s。

任务4.7　玻璃洗涤及前大灯洗涤装置的检查

 情境导入

一辆丰田卡罗拉轿车的车主反映，刮水器刮动缓慢，且喷水状况也不好，严重影响行车视线和行车安全。根据车主对车辆工况现象的反映，该如何进行玻璃洗涤装置的检查和维护，给客户提供良好的驾乘安全感呢？

任务需要解决的问题

1. 玻璃洗涤及前大灯洗涤装置检查和维护的标准是什么？（重点）

2. 如何用浅显易懂的原理，对客户说明玻璃洗涤及前大灯洗涤装置检查的注意事项？（难点）

3. 能否独立或协作完成玻璃洗涤及前大灯洗涤装置的检查与更换点？（重点、难点）

 学习目标

知识目标

1. 了解刮水器的基本结构及作用；

2. 熟悉刮水器及洗涤装置的工作原理。

能力目标

1. 能够独立或协作完成刮水器及洗涤装置的检查与保养；
2. 能够选择合适的工具，进行洗涤装置等相关零部件的更换；
3. 能够给客户提供正确的刮水器，以及洗涤装置保养方案。

素质目标

1. 养成良好的工作习惯；
2. 培养环保、节约、严谨、细致的工作态度；
3. 培养工作中发现问题、解决问题的能力。

1. 刮水器

刮水器主要用于保持风窗玻璃的清洁，以及雨天能够保证驾驶员良好视线的作用。其主要由电机、减速器、刮水片等组成，如图4-69所示。刮水器开关如图4-70所示。刮水器一般可分为无骨式刮水器和有骨架式刮水器两种，如图4-71、图4-72所示。

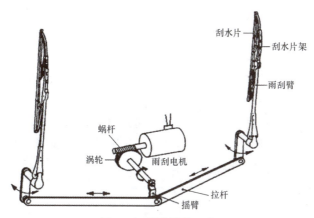

图4-69 刮水器的组成

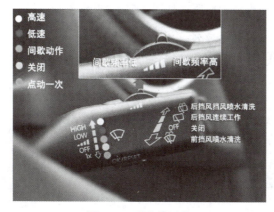

图4-70 刮水器开关

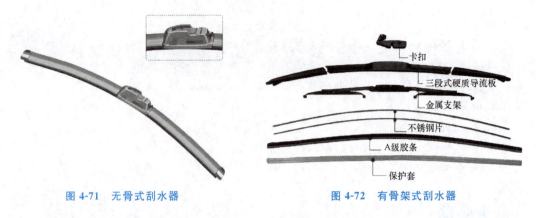

图 4-71 无骨式刮水器　　　　图 4-72 有骨架式刮水器

问题 1：无骨式刮水器和有骨架式刮水器各有什么优点、缺点？

_____
_____
_____
_____

> **小贴士**
>
> 　　理解并掌握刮水器的工作原理和功能，用浅显易懂的语言，能够使客户更容易了解刮水器检查和保养的重要性，使客户体会到接待人员和维修人员的专业性，从而使一个普通客户转化为忠实客户。

2. 风窗及前照灯清洗装置

　　风窗及前照灯清洗，主要是为了清除风窗玻璃和前照灯上的尘土、雨水、积雪，以保证驾驶员有良好的视线和照明，如图 4-73、图 4-74 所示。

图 4-73　风窗清洗

图 4-74　前大灯清洗

3. 玻璃水

玻璃水又叫作玻璃清洗液。优质的玻璃水主要由水、酒精、乙二醇、防腐剂及多种表面活性剂等组成。玻璃水一般为瓶装，如图 4-75 所示。

图 4-75　玻璃水

问题 2：玻璃水可不可以用自来水代替，为什么？

1. 实训注意事项

(1) 上课时，不准赤脚或穿拖鞋、高跟鞋和裙子，留长发者要佩戴工作帽。

(2) 进入实训场地不得打闹，不得携带零食。

(3) 进入实训场地，未经指导教师允许，不得动用整车及台架。

(4) 实训时，未经指导教师批准，不准进入车内，防止误操作引起事故。

(5) 取下刮水器后，将刮水器轻轻放下，防止打碎挡风玻璃。

(6) 实习结束，整理清洁工具和场地。

2. 设备/工量具/耗材

(1)设备：整车。

(2)耗材：三件套、翼叶子板布、玻璃清洗液、新刮水器。

3. 检查调整刮水器及清洗装置

(1)检查玻璃清洗液。

1)检查玻璃清洗液液位，如图 4-76 所示，清洗液不足时，应及时补充。

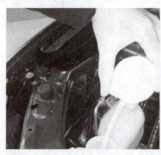 

图 4-76　玻璃清洗液液位检查

问题 3：玻璃清洗液应该加多少合适，为什么？

_____

_____

2)检查玻璃清洗液冰点，如图 4-77 所示。

图 4-77　玻璃清洗液冰点检查

问题 4：玻璃清洗液冰点在多少合适，为什么？

_____

_____

3)检查玻璃清洗液喷射水流的位置,如图 4-78 所示,位置不当时应及时调整。

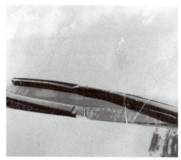 

图 4-78 玻璃清洗液喷射水流检查

4)调整喷射位置。若洗涤器喷射位置不当,可采用与喷射孔相当的钢丝,调整喷射位置,使喷洒的液体落在刮水范围的中间,如图 4-79 所示。

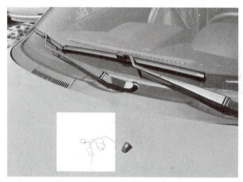

图 4-79 调整洗涤器喷射位置

(2)检查刮水器。

1)将刮水器开关置于间歇挡,检查刮水器间歇位置工作情况。

2)将刮水器开关置于低速挡,检查刮水器低速位置工作情况。

3)将刮水器开关置于高速挡,检查刮水器高速位置工作情况。

4)刮水器在工作过程中,检查刮拭状况,要求不得出现条纹状的刮拭痕迹,如图 4-80 所示。

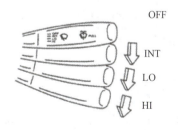 

图 4-80 刮水器的检查

若前挡风玻璃上出现条纹状的刮拭痕迹,一般为刮水器片老化,应更换刮水器片。刮水器自动回位的检查:刮水器工作,当刮水器片没有回到最低位置时,迅速将刮水器开关置于 OFF 位置，观察刮水器片是否回到最低位置后，刮水器再停止工作。

（3）更换刮水器。

1）把刮水器立起来，如图 4-81 所示。

图 4-81 拉起刮水器

2）按住图 4-82 所示的卡子，然后移出。

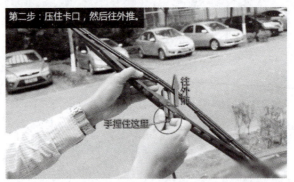

图 4-82 按下卡子

3）从一边取下原车的刮水器，但千万要小心别让摇臂弹回来把前风挡砸坏，如图 4-83 所示。

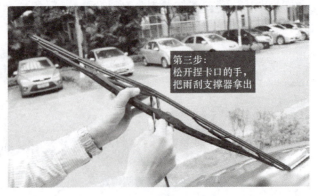

图 4-83 取下原装刮水器

4）把中间的卡子前端翘起来一些，容易安装，如图 4-84 所示。

5)插入中间的卡子后,拉紧,如图4-85所示。

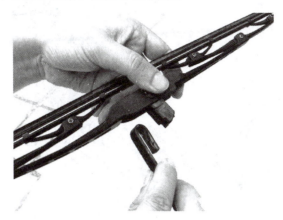

图4-84 使卡子翘起

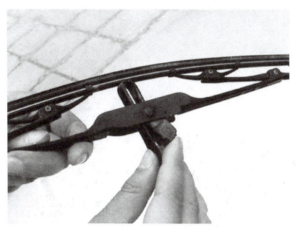

图4-85 安装刮水器

6)有些车型驾驶席和副驾驶席的刮水器尺寸不同,如图4-86所示,一般都是驾驶席的长,副驾驶席的短,注意勿要装反。

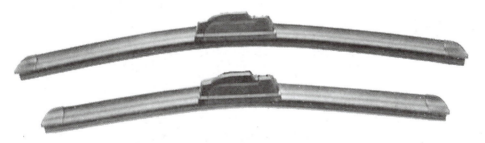

图4-86 不同长度的刮水器片

7)安装副驾驶席刮水器,看好方向,一样拉紧,听到咔嗒一声,即安装完成,如图4-87所示。

图 4-87　更换副驾驶刮水器

问题 5：更换刮水器时应注意什么，为什么？

_____

_____

_____

_____

汽车玻璃水选用　　检查调整刮水器及清洗装置

注意：每次洗车时，除洗净玻璃窗外，也用玻璃清洗液擦拭刮水器条，这样刮水器条的寿命就会长一些。

1. 刮水器及洗涤装置的检查项目有哪些？

2. 更换刮水器及洗涤装置应注意哪些问题？

任务评估

	玻璃洗涤及前大灯洗涤装置的检查			
序号	内容	配分	扣分	备注
1	能进行工位8S操作(总分15分) □1.1 整理、整顿：实操过程使用工具及物料分类摆放(3分) □1.2 清理、清洁：实操结束打扫工位(4分) □1.3 素养：耗用物料节约使用(3分) □1.4 安全：安全操作仪器设备(5分)	15		
2	能进行设备和工具安全检查(总分10分) □2.1 检查作业所需要的工具设备是否完备(2分) □2.2 检查作业环境是否配备灭火器(3分) □2.3 检查车辆配备是否完备(5分)	10		
3	注重商务礼仪(总分10分) □3.1 正确穿着佩戴胸牌、工服等(3分) □3.2 作业过程中与客户交谈语气、语速适中(3分) □3.3 正确做好个人卫生及形象(4分)	10		
4	能进行工具清洁、校准、存放操作(总分10分) □4.1 使用工具前，检查工具、量具状态正常(2分) □4.2 使用工具后，对工具、量具进行清洁(4分) □4.3 作业完成后，对工具进行复位(4分)	10		
5	能进行工具准备及过程规范(总分9分) □5.1 检查设备工具状态是否正常(3分) □5.2 作业过程中工具不掉落(3分) □5.3 作业过程证件、资料不落地(3分)	9		
6	□团队协作能力(6分)	6		
7	□任务完成情况(30分)	30		
8	□课堂整体表现(10分)	10		
	总评			

汽车刮水器及洗涤装置使用应注意以下事项：

(1)为了防止胶带的老化，在刮水器条的制造过程中通常会加入少量的蜡。

(2)为保证良好的刮擦效果，应使用指定的擦窗液，严禁使用清水作为擦窗液。

(3)建议经常清洗刮水器和挡风玻璃，因为空气中的灰尘和汽车尾气的油污产生的微小物质，会附着在挡风玻璃和刮水器上，增加擦拭时的摩擦力。

(4)当车窗玻璃干燥或有障碍物(如冰雪)时，不要使用刮水器；否则会损坏刮水器、刮水器电机和玻璃。

(5)冬季寒冷天气使用刮水器前，应检查刮水器是否冻在车窗上。如果冻结，不要立即使用，否则会损坏刮水器电机。此时，应开启挡风玻璃的加热功能，保证前后挡风玻璃与刮水器之间的冰融化后才能正常使用。

(6)冬季冰雪天气，如果刮水器条的楔形凹槽内有冰粒，刮水器会变硬，阻碍正常转弯，影响使用。挡风玻璃的加热功能是用来融化刮水器上的冰粒，恢复刮水器的弹性。

(7)虽然专业洗窗机的冰点远在零摄氏度以下，但在冬季使用玻璃清洗机前，应在发动机开启数分钟后使用洗窗机，以确保洗窗机不结冰。

学习总结

项目 5
汽车底盘系统维护

项目描述

汽车底盘系统由传动系统、行驶系统、转向系统和制动系统四部分组成。底盘的作用是支撑、安装发动机及其部件、总成等，形成汽车的整体造型，并接受发动机的动力，使汽车产生运动，保证正常行驶。定期对底盘系统进行检查和保养，可以有效延长底盘零部件的使用寿命，提升车辆在行驶过程中的稳定性和安全性，减少底盘系统故障的发生。

项目内容

名称	周期（建议）		
	检查	清洁	更换
制动液	日常检查		3年/6万千米
制动片	日常检查		3万千米/厚度小于3mm
转向助力液	每次保养		8万千米
轮胎	日常检查	每次保养时	5万至8万千米或轮胎花纹深低于1.6 mm
轮胎动平衡	3万千米或更换新轮胎		
四轮定位	1万千米或半年，底盘维修、更换新轮胎		
变速箱油			5年/10万千米（手动）3年/6万千米（自动）
差速器油			3年/6万千米
制动片	日常检查		3万千米/厚度小于3 mm
四轮定位	1万千米或半年，底盘维修、更换新轮胎		
减振器	日常检查	每次保养时	10万千米或漏油
转向助力液	日常检查		2年/5万千米

备注：由于车辆行驶环境、地域差异、驾驶习惯，以及车辆电气系统的品质不同，以上数据仅供参考，建议零部件的清洁和更换，结合实际情况进行确定。

任务 5.1 制动液的检查与更换

刘先生的一辆奥迪车在行驶过程中，踩下制动踏板时，感觉制动变软且踩下踏板时有阻力，经与售后服务人员沟通，需要对车辆的制动系统进行检查和维护。如果你是维修技师，将如何对该车的制动系统进行检查与维护呢？

任务需要解决的问题
1. 制动液的性能是什么？（重点）
2. 如何对制动液品质进行检查？（重点）
3. 能够两人配合完成制动液的更换与排空（重点、难点）

知识目标
1. 了解制动液的性能和功能；
2. 掌握制动液品质的检查方法；
3. 掌握制动液的更换方法和排空方法。

能力目标
1. 能够根据车辆制动系统故障，制订制动液的检查和维护方案；
2. 能够按照规范，对制动液进行品质检查；
3. 能够按照规范，独立完成制动液的更换作业；
4. 能够按照规范，独立完成制动液的排空作业。

素质目标
1. 养成良好的工作习惯；
2. 培养环保、节约、严谨、细致的工作态度；
3. 培养工作中发现问题、解决问题的能力。

5.1.1 制动液

制动液是液压制动系统中传递制动压力的液态介质，使用在采用液压制动系统的车辆中。制动液又称为刹车油或迫力油，英文名为 Brake Fluid，是制动系统制动不可缺少的部分，而在制动系统中，它是作为一个力传递的介质，因为液体是不能被压缩的，所以从总泵输出的压力会通过制动液直接传递至分泵中。

合格达标的制动液有以下几个特性：

(1) 在高温、严寒、高速、湿热等工况条件下，保证灵活传递制动力。
(2) 对制动系统的金属和非金属材料没有腐蚀性。
(3) 能够有效润滑制动系统的运动部件，延长制动分泵和皮碗的使用寿命。

对制动液的性能要求如下：
(1) 黏温性好、凝固点低、低温流动性好。
(2) 沸点高，高温下不产生气阻。
(3) 使用过程中品质变化小，并不引起金属件和橡胶件的腐蚀与变质。

问题 1：用自己的语言描述制动液的性能要求。

5.1.2 制动液储液罐的位置

制动液储液罐一般位于发动机舱左侧，如图 5-1 所示。在制动液储液罐上标有 DOT3 或 DOT4 等字样，如图 5-2 所示。

图 5-1 制动液储液罐的位置

图 5-2 标有 DOT4 的储液罐

5.1.3 制动液检测仪

制动液检测仪又称为汽车制动油检测仪，是一款通过检测制动油中的含水量或沸点，来判断制动油是否需要更换的手持汽车检测设备，如图 5-3 所示，可以用来检测制动油 DOT3、DOT4 和 DOT5.1。

图 5-3　制动液检测仪（沸点显示）

监测数据可保存，方便用户在此查看。还可以检查制动油是否变质，根据需要及时添注或更换；并且也要注意制动有无变弱、跑偏等现象，制动踏板的蹬踏力度及制动时车轮抱死点的位置，必要时清理整个制动系统的管路部分。

问题 2：你还见过什么样的制动液检测仪，说说其主要的检测项目。

_____
_____
_____
_____

5.1.4　制动液的检查

1. 制动液液位检查

如图 5-4 所示，检查制动液液位是否位于储液罐的 MAX 和 MIN 标记之间。

图 5-4　制动液液位检查

如果大于 MAX，则可能是制动液加注过多；如果小于 MIN，则可能是制动系统某部分发生渗漏所致。此时，应仔细检查制动系统是否存在渗漏现象，之后再将制动液加注到标准范围。

问题3：制动液过多或过少，对汽车制动系统都会产生哪些影响？

_____
_____
_____

制动系统检查

2. 制动液质量的检查

制动液并不是那种使用到一种程度就能用肉眼看到明显恶化的液体，陈旧的制动液有时候也会有制动效果，但有时根本就不能起作用。

一般来说，制动液是由乙二醇和其他各种防腐蚀的添加液组成的。由于乙二醇在长期使用中会吸收空气中的水分，这样，就会降低它原本较高的沸点。当其沸点降到只比水的沸点稍高一些时，制动液就已经严重失效，在特定的行驶状况下，制动系统很容易失灵。鉴定制动液能否继续使用，如果采用传统的根据颜色、味道和手感来判别的方法，远远不能满足实际需要。正确的方法是通过检测制动液的含水量和沸点，对制动液进行定性或定量分析。

新的制动液具有较高的沸点，一般在260 ℃左右，如图5-5所示。而造成制动液吸水的原因很多，如炎热的天气、制动系统使用的频繁程度、制动系统的设计形式、制动系统部件的质量状况、车辆行驶路况，以及制动液的类型等。只要被吸入的水分达到2.5%，就需要更换新的制动液了。因此，检测含水量或制动液的沸点是确定制动液是否需要更换的比较有效的方法。

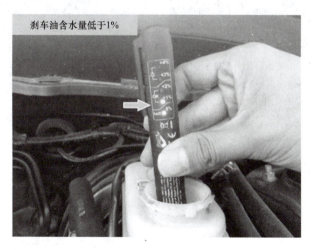

图5-5 含水量检测

问题4：制动液沸点过低，对车辆具有哪些影响？

_____
_____

3. 制动液含水量的检测

（1）用于定性分析含水量的制动液快速探测笔。制动液快速探测笔上有 3 个 LED 灯，分别为绿色、黄色和红色。使用方法非常简单，只要在管内吸入制动液，根据笔上 LED 灯的显示情况，就可以快速定性判断制动液的含水量。绿色 LED 灯说明制动液含水量低，制动液合格；黄色 LED 灯说明制动液含水量一般，可以继续使用，但是 6 个月以后需要再检测一次；红色 LED 灯说明制动液含水量较高，制动液不能继续使用，需要及时更换，如图 5-6 所示。

图 5-6 制动液含水量检测

（2）用于定量分析含水量的制动液检测仪。如果知道了制动液的含水量，并且知道该制动液的类型和制造商，那么就可以根据技术资料来找出制动液的沸点，从而确定制动液能否继续使用。在实际应用中，一般参照以下标准判断制动液性能：含水量低于 0.5% 时，说明制动液正常；含水量在 0.5%～2.5% 时，说明制动液可更换也可不更换；含水量大于 2.5% 时，说明制动液必须更换。

问题 5：制动液的含水量过多，会对制动系统产生哪些影响？

任务实施

1. 实训注意事项

(1) 上课时,不准赤脚或穿拖鞋、高跟鞋和裙子,留长发者要佩戴工作帽。

(2) 进入实训场地不得打闹,不得携带零食。

(3) 进入实训场地,未经指导教师允许,不得动用整车及台架。

(4) 实训时,未经指导教师批准,不准进入车内,防止误操作引起事故。

(5) 实习结束,整理清洁工具和场地。

2. 设备/工量具/耗材

(1) 设备:整车。

(2) 耗材:三件套、叶子板布、制动液、常用工具、抹布。

3. 制动液的更换

(1) 更换制动液的准备工作。

1) 最好是三个人操作:一个人负责放油,一个人负责踩制动车踏板,一个人负责加新油。也可以两个人:一个人负责放油,另一个人负责踩踏制动踏板和加油。

2) 换油前,可拔掉保险座上制动灯的保险,使制动尾灯在踩踏制动踏板时不亮,延长灯泡寿命。更换完成后要复原。

3) 比较正规的方法是要准备一根长度为 50 cm、内径为 6 mm 左右的透明软塑料管和一个有容量标记的透明塑料瓶。更换制动油时,将软管一头插在分泵放油口,另一头插在塑料瓶中,避免费油飞溅和观察更换量。

4) 准备新制动油 1~2 瓶,一般 1 瓶就够,为了清洗得更干净,两瓶也可以,可留作以后补充使用,但下次更换制动油时最好不再使用旧油。正常的制动系统不会泄漏制动油,制动油液面只会随制动片逐渐磨薄而下降。

5) 10 mm 眼镜扳手一个。

(2) 更换制动液操作流程。

1) 将车辆置于地沟上或使用举升机举起。

2) 一个人在车下,摘掉放油口上的橡胶防尘帽,将预备透明软管两端分别安装在放油口和废油收集瓶中,之后,用扳手反时针方向松开放油口螺钉,同时,车上的人反复踩踏制动踏板。此时,制动油会从放油口喷出,注意制动液储液罐内的液位,要随液位下降添加新的制动液。待出油清亮后,拧紧放油口螺钉。

3) 车上人反复踩踏制动踏板到最高点,并踩住制动踏板不要松脚,车下人松开放油口螺钉,待制动油喷净后,拧紧并通知车上人松开。以上操作反复数次直到放出的制动油中无气泡。注意:制动液储液罐内的液位,要随液位下降添加新的制动液。

4) 到另一个轮重复第 1)~3) 的操作步骤。

5) 更换制动液顺序应该先远后近,即先从制动管路的远端开始,先后轮、再前轮。

如果特别在意，因为制动管路是"X"布局，为了避免新、旧油混合，换油、放气可以从左后或者右后开始，比如第一个放左后轮，下一个放右前轮，然后右后轮，最后是左前轮。

6）四个轮更换完成后路试，如发现制动软、不灵敏，请重复上述步骤3）进行放气操作，顺序依照上述步骤5）进行。注意：制动液储液罐内的液位，要随液位下降添加新的制动液。

问题6：根据制动液的更换步骤，两个人为一组，用实训车辆进行制动液的更换操作，并拍摄相关视频上传至智慧职教MOOC平台。

制动管路的排气

_____
_____
_____
_____

1. 汽车制动系统的检查项目有哪些？

2. 更换制动液应注意哪些问题？

3. 制动时有阻力的原因有哪些？

任务评估

制动液的检查与更换				
序号	内容	配分	扣分	备注
1	能进行工位 8S 操作（总分 15 分） □1.1 整理、整顿：实操过程使用工具及物料分类摆放(3 分) □1.2 清理、清洁：实操结束打扫工位(4 分) □1.3 素养：耗用物料节约使用(3 分) □1.4 安全：安全操作仪器设备(5 分)	15		
2	能进行设备和工具安全检查（总分 10 分） □2.1 检查作业所需要的工具设备是否完备(2 分) □2.2 检查作业环境是否配备灭火器(3 分) □2.3 检查车辆配备是否完备(5 分)	10		
3	注重商务礼仪（总分 10 分） □3.1 正确穿着佩戴胸牌、工服等(3 分) □3.2 作业过程中与客户交谈语气、语速适中(3 分) □3.3 正确做好个人卫生及形象(4 分)	10		
4	能进行工具清洁、校准、存放操作（总分 10 分） □4.1 使用工具前，检查工具、量具状态正常(2 分) □4.2 使用工具后，对工具、量具进行清洁(4 分) □4.3 作业完成后，对工具进行复位(4 分)	10		
5	能进行工具准备及过程规范（总分 9 分） □5.1 检查设备工具状态是否正常(3 分) □5.2 作业过程中工具不掉落(3 分) □5.3 作业过程证件、资料不落地(3 分)	9		
6	□团队协作能力(6 分)	6		
7	□任务完成情况(30 分)	30		
8	□课堂整体表现(10 分)	10		
总评				

制动液,作为汽车制动系统不可或缺的安全保障,其重要性不言而喻。使用陈旧的制动液,极易导致制动系统在紧急情况下失效,从而埋下巨大的安全隐患。那么,制动液的选取与合理使用,对于行车安全性的影响究竟有多大呢?

以北京市2003年冬季一部五菱面包车为例,行驶至一万千米时,因制动失效发生了交通事故。车主随即找到五菱4S店投诉,维修人员经仔细检查后发现,该车的制动盘片均处于正常状态,但制动油泵皮碗却严重膨胀变形。更令人担忧的是,制动制动液呈青黑色,且伴有大量黑色沉淀,黏度明显变稀。经过进一步了解,得知车主在发现车辆制动油偏少时,自行补充了不同种类的制动液,导致制动液分层、沸点降低,进而腐蚀了制动皮碗,直接影响了制动性能,酿成了这场交通事故。

对于维修企业而言,一方面,需要严格遵循制动液的3年更换周期,及时提醒车主进行更换,确保制动液的品质始终处于良好状态;另一方面,对于那些坚持"视情换油"的客户,维修企业需采用正确的方法鉴别制动液。因为制动液并非那种在使用到一定程度就能用肉眼明显看出恶化的液体,陈旧的制动液有时仍能表现出一定的制动效果,但有时却完全无法起作用。

因此,对于维修技术人员来说,必须严格按照规范进行制动液的检查和更换作业。这不仅是对车辆安全稳定运行的保障,更是对每位车主生命安全的负责。

任务 5.2 制动系统摩擦片的检查与更换

一辆大众速腾轿车的车主反映:车辆在行驶过程中,踩下制动踏板时,发现车辆会有轻微跑偏现象,制动距离也变远了。作为维修技术人员,根据车主对车辆工况现象的反映,该如何进行制动系统的维护,为客户提供良好的驾乘环境呢?

任务需要解决的问题

1. 制动时,导致车辆跑偏的原因是什么?(重点)
2. 能够独立完成制动系统检查和保养方案的制定。(难点)
3. 能否独立完成制动系统摩擦片的检查和更换?(重点、难点)

知识目标

1. 了解制动系统的组成和工作原理;
2. 掌握制动器的类型和工作原理;

3. 掌握制动摩擦片的检查方法；
4. 掌握制动摩擦片的更换要点。

能力目标

1. 能够独立完成制动摩擦片的检查；
2. 能够独立完成制动摩擦片的更换；
3. 能够给客户提供正确的制动系统检查和保养方案。

素质目标

1. 养成良好的工作习惯；
2. 培养环保、节约、严谨、细致的工作态度；
3. 培养工作中发现问题、解决问题的能力。

1. 制动系统的作用

使行驶中的汽车按照驾驶员的要求，进行强制减速甚至停车；使已停驶的汽车在各种道路条件下（包括在坡道上）稳定驻车；使下坡行驶的汽车速度保持稳定。制动系统的组成如图 5-7 所示。

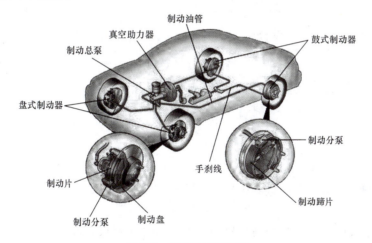

图 5-7 制动系统的组成

为了在技术上保证汽车的安全行驶，提高汽车的平均减速度等，因而，在汽车上安装制动装置专门的制动机构。一般来说，汽车制动系统包括行车制动装置和驻车制动装置两套独立装置。

行车制动装置的作用是使正在行驶中的汽车减速或在最短的距离内停车；驻停车制动装置的作用是使已经停放在各种路面上的汽车保持不动。

2. 车轮制动器

车轮制动器可分为盘式制动器和鼓式制动器两大类。鼓式制动器的结构如图 5-8 所示，盘式制动器的结构如图 5-9 所示。

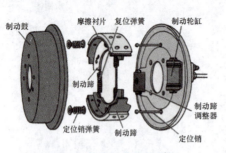
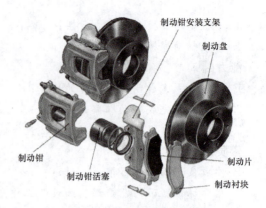

图 5-8　鼓式制动器的结构　　　　图 5-9　盘式制动器的结构

问题 1：鼓式制动器制动蹄如何回位？

　

问题 2：盘式制动器制动分泵活塞如何回位？

　

3. 制动片的结构组成

在汽车的制动系统中，制动片是最关键的安全零件，也是日常行驶中使用最为频繁的零部件之一。

制动片一般由钢板、粘结隔热层和摩擦块构成。钢板要经过涂装来防锈，涂装过程用 SMT－4 炉温跟踪仪来检测涂装过程的温度分布来保证质量。

由于摩擦作用，摩擦块会逐渐被磨损，一般来说，成本越低的制动片磨损得越快。摩擦材料使用完成后要及时更换制动片，否则，钢板与制动盘就会直接接触，最终会丧失制动效果，并损坏制动盘。盘式制动片如图 5-10 所示，鼓式制动片如图 5-11 所示。

问题 3：如何判断制动片是否需要更换？

图 5-10 盘式制动片

图 5-11 鼓式制动片

问题 4：制动片过薄，对制动系统会产生哪些影响？

_____

_____

_____

_____

1. 实训注意事项

(1) 上课时，不准赤脚或穿拖鞋、高跟鞋和裙子，留长发者要佩戴工作帽。
(2) 进入实训场地不得打闹，不得携带零食。
(3) 进入实训场地，未经指导教师允许，不得动用整车及台架。
(4) 实训时，未经指导教师批准，不准进入车内，防止误操作引起事故。
(5) 实习结束，整理清洁工具和场地。

2. 设备/工量具/耗材

(1) 设备：整车。
(2) 耗材：三件套、叶子板布、制动片、常用工具、制动活塞回位专用工具。

3. 更换制动片

(1) 车辆驶入工位，挡位挂入空挡。
(2) 铺好叶子板布，打开制动液储液壶盖，如图 5-12 所示。
(3) 用轮胎扳手拆下四个车轮，如图 5-13 所示。

图 5-12 打开制动液储液壶盖

图 5-13 拆卸轮胎

(4)用六方工具拆卸制动器分泵上、下两个螺栓。注意：检查制动片过程中禁止踩踏制动踏板，如图 5-14 所示。

(5)取下制动片并测量和记录检查结果，如图 5-15 所示。

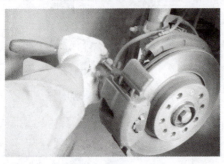 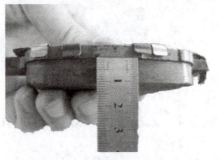

图 5-14　拆卸制动分泵　　　　　　图 5-15　测量制动片厚度

(6)判断制动片是否存在问题或是否需要更换，如果没有问题，则安装制动片。

(7)安装顺序与拆卸顺序相反，后轮在安装制动分泵时，需要采用专用复位工具将后轮分泵进行回位，如图 5-16 所示。

图 5-16　制动分泵回位

(8)安装分泵固定螺栓，扭矩为 30 N·m，轮胎扭矩为 110 N·m。

(9)安装好轮胎后，踩踏制动踏板 3~5 次，直到感觉到制动阻力为止。

(10)检查制动液液位是否正常，如缺少，则需要进行添加；如果液面过高，须适当排出一部分，直至液位正常为止。

(11)拉起驻车制动，检查驻车制动工作是否良好，最后，进行试车检查制动效果。

(12)检查制动系统工作正常后，清洁和整理工位。

问题 5：为什么在安装新的制动片前，需要将制动活塞回位？

4. 制动蹄的检查与更换（以桑塔纳轿车为例）

（1）车辆驶入工位，挡位挂入空挡。

（2）铺好翼子板布，打开制动液储液壶盖，如图 5-17 所示。

（3）在车轮着地的情况下，用轮胎扳手将固定轮胎的四颗螺栓松开。

（4）用举升机举升车辆，使轮胎离开地面，取下轮胎。

（5）取下轮毂盖，拆下开口销，拿下开槽垫圈，取下轴头螺栓，并取出止推垫圈和轴承，如图 5-18 所示。

图 5-17　打开储液壶盖

图 5-18　拆卸轮毂盖

（6）用螺钉旋具通过制动鼓螺孔向上拨动楔形块，使制动蹄与制动鼓放松，如图 5-19 所示。

（7）取下制动鼓，如图 5-20 所示。

图 5-19　拨动楔形块

图 5-20　取下制动鼓

（8）用鲤鱼钳拆下压簧座圈，用手从下面的支架上提起制动蹄，取下回位弹簧，如图 5-21 所示。

（9）测量制动蹄的厚度，并记录测量结果，如图 5-22 所示。

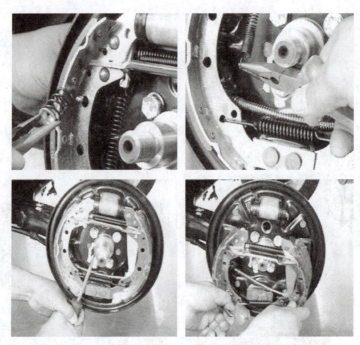

图 5-21 拆卸制动蹄总成

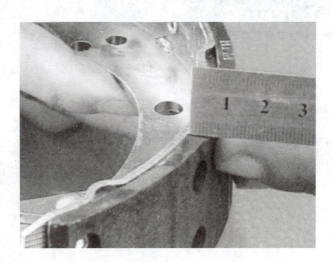

图 5-22 测量制动蹄的厚度

(10)安装的顺序与拆卸的顺序相反。

盘式制动器的更换   鼓式制动器的检查

1. 汽车制动器的类型有哪些？是如何工作的？

2. 更换制动片应注意哪些问题？

制动系统摩擦片的检查与更换					
序号	内容		配分	扣分	备注
1	能进行工位 8S 操作（总分 15 分） □1.1 整理、整顿：实操过程使用工具及物料分类摆放(3 分) □1.2 清理、清洁：实操结束打扫工位(4 分) □1.3 素养：耗用物料节约使用(3 分) □1.4 安全：安全操作仪器设备(5 分)		15		
2	能进行设备和工具安全检查（总分 10 分） □2.1 检查作业所需要的工具设备是否完备(2 分) □2.2 检查作业环境是否配备灭火器(3 分) □2.3 检查车辆配备是否完备(5 分)		10		
3	注重商务礼仪（总分 10 分） □3.1 正确穿着佩戴胸牌、工服等(3 分) □3.2 作业过程中与客户交谈语气、语速适中(3 分) □3.3 正确做好个人卫生及形象(4 分)		10		
4	能进行工具清洁、校准、存放操作（总分 10 分） □4.1 使用工具前，检查工具、量具状态正常(2 分) □4.2 使用工具后，对工具、量具进行清洁(4 分) □4.3 作业完成后，对工具进行复位(4 分)		10		
5	能进行工具准备及过程规范（总分 9 分） □5.1 检查设备工具状态是否正常(3 分) □5.2 作业过程中工具不掉落(3 分) □5.3 作业过程证件、资料不落地(3 分)		9		
6	□团队协作能力(6 分)		6		
7	□任务完成情况(30 分)		30		
8	□课堂整体表现(10 分)		10		
	总评				

制动片是汽车制动系统中的关键安全零件，其性能好坏直接关系到汽车的制动效果，也就是说，与汽车的安全性密切相关。制动片在使用过程中，由于摩擦作用，制动片会逐渐被磨损，故使用完成后要及时更换；否则，钢板与制动盘就会直接接触，最终会丧失制动效果并损坏制动盘，影响行车安全，所以，对制动片的日常维护显得尤为重要。

因此，对制动片的检车和更换作业，要严格按照规范进行操作，为车辆的安全运行保驾护航。

任务 5.3　转向系统的检查

一辆丰田卡罗拉轿车的车主反映：在汽车行驶过程中，转动方向盘时，感觉明显费力。根据车主对车辆工况现象的反映，该如何进行转向系统的检查和维护，给客户提供良好的驾乘舒适感呢？

任务需要解决的问题

1. 分析造成转向费力的原因是什么？（重点）
2. 能否根据车辆工况，制订转向系统检查保养方案？（难点）
3. 能否独立完成转向助力液的检查和更换？（重点、难点）

知识目标

1. 了解转向系统的基本结构、作用及类型；
2. 熟悉动力转向系统的工作原理；
3. 了解转向助力液的作用；
4. 掌握转向助力液的检查和更换方法。

能力目标

1. 能够独立完成转向助力液的检查和保养；
2. 能够独立完成转向助力液的更换；
3. 能够给客户提供正确的转向系统保养方案。

素质目标

1. 养成良好的工作习惯；
2. 培养环保、节约、严谨、细致的工作态度；
3. 培养工作中发现问题、解决问题的能力。

5.3.1 转向系统介绍

用来改变或保持汽车行驶或倒退方向的一系列装置，称为汽车转向系统（Steering System）。汽车转向系统的功能，就是按照驾驶员的意愿控制汽车的行驶方向。汽车转向系统对汽车的行驶安全至关重要，因此，汽车转向系统的零件都称为保安件。汽车转向系统和制动系统是汽车安全必须重视的两个系统。转向系统的组成如图 5-23 所示。

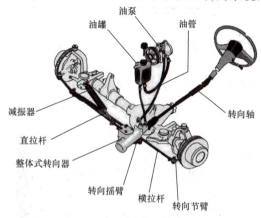

图 5-23 转向系统的组成

5.3.2 转向系统的分类

汽车转向系统可分为两大类，即机械转向系统和动力转向系统。

1. 机械转向系统

机械转向系统以驾驶员的体力作为转向能源。其中，所有传力件都是机械的。机械转向系统由转向操纵机构、转向器和转向传动机构三大部分组成。

图 5-24 所示为机械转向系统的组成和布置示意。当汽车转向时，驾驶员对转向盘 1 施加一个转向力矩。该力矩通过转向轴 2、转向万向节 3 和转向传动轴 4 输入转向器 5。经转向器放大后的力矩和减速后的运动，传到转向摇臂 6，再经过转向直拉杆 7 传给固定于左转向节 9 上的转向节臂 8，使左转向节和它所支撑的左转向轮偏转。为使右转向节 13 及其支撑的右转向轮随之偏转相应角度，还设置了转向梯形。转向梯形由固定在左、右转向节上的梯形臂 10、12 和两端与梯形臂作球铰链连接的转向横拉杆 11 组成。

从转向盘到转向传动轴这一系列部件和零件，属于转向操纵机构。其由转向摇臂至转向梯形这一系列部件和零件（不含转向节），均属于转向传动机构。

2. 动力转向系统

动力转向系统是兼用驾驶员体力和发动机动力为转向能源的转向系统。在正常情况下，汽车转向所需的能量，只有一小部分由驾驶员提供，而大部分则是由发动机通过动力转向装置提供。但在动力转向装置失效时，一般还应当能由驾驶员独立承担汽车转向任务。因此，动力转向系统是在机械转向系统的基础上加设一套动力转向装置而形成的。

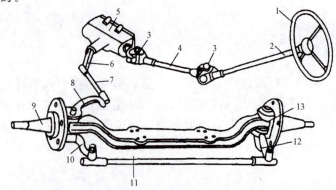

图 5-24　机械转向系统的组成和布置

1—转向盘；2—转向轴；3—转向万向节；4—转向传动轴；5—转向路；
6—转向摇臂；7—转向直接杆；8—转向节臂；9—左转向节；10、12—梯形臂；11—转向横拉杆

对于最大总质量在 50 t 以上的重型汽车而言，一旦动力转向装置失效，驾驶员通过机械传动系统加于转向节的力，远不足以使转向轮偏转而实现转向。故这种汽车的动力转向装置应当特别可靠。

如图 5-25 所示为一种液压动力转向系统的组成和液压动力转向装置的管路布置示意。其中，属于动力转向装置的部件是转向油罐 9、转向油泵 10、转向控制阀 5 和转向动力缸 12。当驾驶员逆时针转动转向盘 1（左转向）时，转向摇臂 7 带动转向直拉杆 6 前移。直拉杆的拉力作用于转向节臂 4，并依次传递到梯形臂 3 和转向横拉杆 11，使之右移。与此同时，转向直拉杆还带动转向控制阀 5 中的滑阀，使转向动力缸 12 的右腔接通液面压力为 0 的转向油罐。转向油泵 10 的高压油进入转向动力缸的左腔，于是，转向动力缸的活塞上受到向右的液压作用力便经推杆施加在横拉杆 11 上，也使之右移。这样，驾驶员施于转向盘上很小的转向力矩，便可克服地面作用于转向轮上的转向阻力矩。

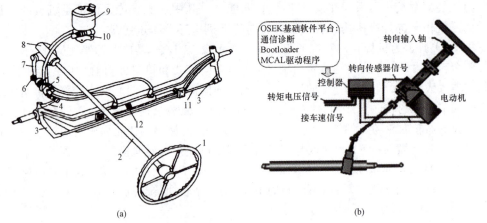

图 5-25　液压动力转向系统的组成和液压动力转向装置的管路布置示意

（a）液压动力转向系统；（b）电动转向系统

1—转向盘；2—转向轴；3—梯形臂；4—转向节臂；5—转向控制阀；6—转向直拉杆；
7—转向摇臂；8—转向器；9—转向油罐；10—转向油泵；11—转向横向拉杆；12—转向动力缸

问题 1：机械转向系统和动力转向系统分别常用在哪些车上？

5.3.3 转向助力液

转向助力协助驾驶员进行汽车方向调整，为驾驶员减轻打方向盘的用力强度，当然，转向助力在汽车行驶的安全性、经济性上有一定的作用。转向助力液如图 5-26 所示。

 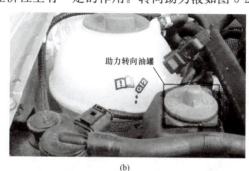

图 5-26 转向助力液
(a)转向助力液；(b)转向助力液储液罐

问题 2：是否所有的车都有转向助力液？为什么？

5.3.4 转向助力液的检查

发动机怠速运转，反复将转向盘打到底，使转向助力油温度达到 40～80 ℃，如转向助力油液起泡或发白，则应更换油液（油面应在规定范围之间，若油液不足，则在检查各部位无泄漏后，应按规定牌号补足转向助力油），如图 5-27 所示。

问题 3：转向助力液脏污、缺少，对转向系统有何影响？

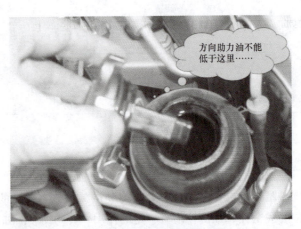

图 5-27 转向助力液的检查

任务实施

1. 实训注意事项

(1)上课时,不准赤脚或穿拖鞋、高跟鞋和裙子,留长发者要佩戴工作帽。

(2)进入实训场地不得打闹,不得携带零食。

(3)进入实训场地,未经指导教师允许,不得动用整车及台架。

(4)实训时,未经指导教师批准,不准进入车内,防止误操作引起事故。

(5)实习结束,整理清洁工具和场地。

2. 设备/工量具/耗材

(1)设备:整车。

(2)耗材:三件套、叶子板布、常用工具、转向助力液。

3. 更换转向助力液

(1)将车辆升至适合高度,松开动力转向装置下的放油螺塞或回油管,把油放到容器中,如图 5-28 所示。

(2)启动发动机怠速运转,一边排油,一边将转向盘反复打到底,直至液压油排净,如图 5-29 所示。

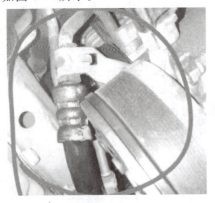

图 5-28 拆下转向油管

图 5-29 转向盘转到底

(3)添加转向助力油,应向储油罐内加注规定牌号的液压油至规定液面,并使用滤网过滤,以免杂质混入油中,如图 5-30 所示。

图 5-30 转向助力液罐

(4)在发动机怠速运转情况下,左右转动转向盘,但不要打死,直到油液中没有气体存在,油液呈现乳白色为止。

(5)转向盘打到直行位置,让发动机继续运转 2～3 min,观察油液是否有发白,正常后,即可停止发动机运转。汽车进行路试后,再进行检查油面高度是否符合要求。由于动力转向装置中,油液流通的通道弯曲而细小,而且正常工作温度较冷态时温差较大,所以,油面高度应在热状态下确定。

4. 转向助力油的排气

动力转向装置在使用和加油中不允许有空气存在,尤其在对其组件拆修后必须进行排气,以保证其工作正常。架起转向轮,发动机怠速运转,将塑料软管的一端套在动力转向装置放气螺塞上,一端插入容器中,反复将转向盘打到底。等到动力转向装置内初步充满液压油后将车轮放下,旋松放气螺塞,使系统在较高的压力下通过放气螺塞放气。

转向助力液的更换

问题 4:液压助力转向系统更换完助力液后,为什么需要排气,如果不排气会对转向或车辆行驶带来哪些问题?

_____
_____
_____
_____

1. 更换转向助力液应注意哪些问题?

2. 造成转向费力的原因有哪些？

转向系统的检查				
序号	内容	配分	扣分	备注
1	能进行工位 8S 操作（总分 15 分） □1.1 整理、整顿：实操过程使用工具及物料分类摆放(3分) □1.2 清理、清洁：实操结束打扫工位(4分) □1.3 素养：耗用物料节约使用(3分) □1.4 安全：安全操作仪器设备(5分)	15		
2	能进行设备和工具安全检查（总分 10 分） □2.1 检查作业所需要的工具设备是否完备(2分) □2.2 检查作业环境是否配备灭火器(3分) □2.3 检查车辆配备是否完备(5分)	10		
3	注重商务礼仪（总分 10 分） □3.1 正确穿着佩戴胸牌、工服等(3分) □3.2 作业过程中与客户交谈语气、语速适中(3分) □3.3 正确做好个人卫生及形象(4分)	10		
4	能进行工具清洁、校准、存放操作（总分 10 分） □4.1 使用工具前，检查工具、量具状态正常(2分) □4.2 使用工具后，对工具、量具进行清洁(4分) □4.3 作业完成后，对工具进行复位(4分)	10		
5	能进行工具准备及过程规范（总分 9 分） □5.1 检查设备工具状态是否正常(3分) □5.2 作业过程中工具不掉落(3分) □5.3 作业过程证件、资料不落地(3分)	9		
6	□团队协作能力(6 分)	6		
7	□任务完成情况(30 分)	30		
8	□课堂整体表现(10 分)	10		
总评				

拓展阅读

助力转向是汽车上的一种增加舒适性的技术，可以在驾驶员进行转向的时候自动提供转向力，从而减轻驾驶员的转向劳动强度。而助力转向油就是加注在助力转向系统里面的一种介质油，起到传递转向力和缓冲的作用。

助力油虽然不需要经常更换，但是在汽车保养中同样不可忽视。通过检查助力转向是否轻松、是否存在异响等问题，可以及时发现助力油是否存在问题，从而保证汽车的正常使用。助力油的使用寿命因汽车不同而异，但是一般来说，助力油的使用寿命为 2~3 年。具体时间取决于使用环境和行驶里程。需要提醒车主的是，在更换或补充助力油时，必须使用正确的型号和规格，以免对汽车的助力转向系统造成损坏。

任务 5.4　车轮的检查

情境导入

一辆丰田卡罗拉轿车的车主反映：车辆在行驶过程中车轮抖动、方向盘振动，停车检查时，发现给轮胎有偏磨现象。根据车主对车辆工况现象的反映，该如何进行车轮的检查和维护，给客户提供良好的驾乘环境呢？

任务需要解决的问题

1. 怎样判别轮胎的规格？（重点）
2. 能否根据车辆工况，制订车轮检查和保养方案？（难点）
3. 能否独立完成车轮的检查和更换？（重点、难点）

学习目标

知识目标

1. 熟悉所有车轮的作用、特点和规格；
2. 熟悉车轮的换位方式；
3. 掌握车轮的检查内容和检查方法；
4. 掌握车轮的更换要领。

能力目标

1. 能够独立完成车轮的检查和保养；
2. 能够选择合适的工具，进行相关零部件的更换；
3. 能够给客户提供正确的车轮保养方案。

素质目标

1. 养成良好的工作习惯；
2. 培养环保、节约、严谨、细致的工作态度；
3. 培养工作中发现问题、解决问题的能力。

5.4.1 车轮

车轮通常由轮辋和轮辐两个主要部件组成。轮辋是在车轮上安装和支撑轮胎的部件；轮辐是在车轮上介于车轴和轮辋之间的支撑部件。车轮除上述部件外，有时还包括轮毂。车轮的组成如图5-31所示。

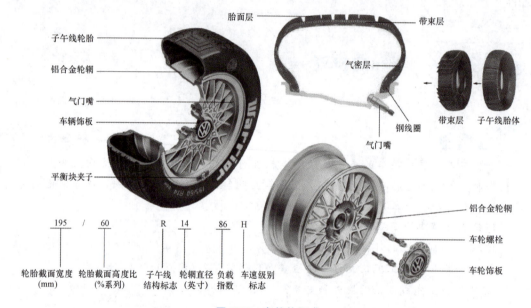

图 5-31 车轮的组成

轮辋是在车轮上安装和支撑轮胎的部件，与轮辐组成车轮。轮辋和轮辐可以是整体式的、永久连接式的，或是可拆卸式的。

轮辐是保护车辆车轮的轮圈、辐条的装置。其特征是一对圆形罩板，罩板的直径大小和轮圈的直径大小相接近。按照轮辐的结构，车轮可分为辐板式和辐条式。目前，主流的家用轿车均采用辐板式轮辐结构。

轮毂是轮胎内廓支撑轮胎的圆桶形的、中心装在轴上的金属部件，又叫作轮圈、钢圈、轱辘、胎铃。轮毂根据直径、宽度、成型方式、材料不同，种类繁多。

轮胎的规格常用一组数字表示，前一个数字表示轮胎断面宽度，后一个数字表示轮辋直径，以英寸为单位。例如，165/70R14表示胎宽为165 mm，扁平率为70，轮辋直径为14英寸（1英寸＝2.54 cm）。中间的字母或符号有特殊含义："X"表示高压胎；"R""Z"表示子午胎；"—"表示低压胎，如图5-32所示。

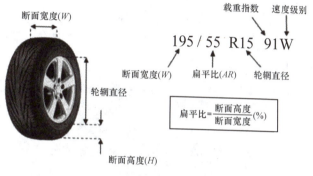

图 5-32 轮胎规格

问题 1：写出 195/65 R16 92V 中数字和字母的含义及单位。

_____

_____

_____

_____

5.4.2 胎压表

轮胎压力表或车用胎压表是一种特殊的压力表，专用于测量汽车、卡车、自行车等车轮胎内的压力。轮胎压力表采用压力传感技术，测量精度高（误差小于 0.05%），且使用寿命长。胎压表可分为指针式胎压表，其操作简单；电子式胎压表，其数字式读数方便。随车胎压监测，警报式不显胎压值，如图 5-33 所示。

为了确保行车安全，定期检测胎压显得尤为重要，特别是在炎热的夏季。高温环境容易使原本在正常范围内的胎压升高，甚至超过误差限，增加爆胎的风险。频繁检查并维持正确的胎压不仅能显著提高轮胎行驶的稳定性和舒适性，更能有效防止因爆胎和缺气碾行造成的意外，进而延长轮胎的使用寿命，降低油耗。

胎压作为轮胎的"生命线",其数值必须严格遵循《轿车轮胎规格、尺寸、气压与负荷》(GB/T 2978—2014)的相关规定。定期检查轮胎气压,确保气压不过高也不过低,是防止轮胎因气压异常而产生异形磨损、花纹沟底龟裂、帘线折断、帘布层脱层等问题的关键。过高的胎压会使车身重量集中在胎面中心,导致胎面中心快速磨损,受外力冲击时容易产生外伤甚至爆胎。同时,过高的张力还可能导致胎面脱层及胎面沟底龟裂,使车辆跳动增大,降低乘坐舒适性。此外,过高的胎压还会影响轮胎的抓地力和制动性能,严重时可能引发交通事故。

胎压过低同样存在风险。胎压不足容易导致轮胎过热,因为低压使轮胎的接地面积不均匀,缩短轮胎的使用寿命,并增加耗油量。同时,胎压不足还会影响车辆的操控性和舒适性,增大胎唇与轮辋之间的摩擦,导致胎唇损伤。在行驶过程中,胎压不足会使轮胎形状处于高频变形状态,形变加大,胎纹磨损过度,胎体无法抵御地面压力而扭曲变形,产生高温从而加速轮胎的磨损,最终可能导致爆胎。

因此,无论是防止夏季高温导致的胎压升高,还是避免胎压过低带来的风险,定期检测并维持正确的胎压都是至关重要的。

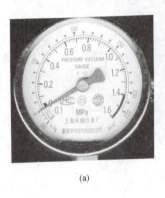
(a)

(b)

(c)

图 5-33　胎压表

(a)指针式胎压表;(b)电子式胎压表;(c)随车胎压监测

问题 2:胎压过高或过低,对轮胎有哪些影响?对整车有哪些影响?

1. 实训注意事项

(1)上课时,不准赤脚或穿拖鞋、高跟鞋和裙子,留长发者要佩戴工作帽。

(2)进入实训场地不得打闹,不得携带零食。

(3)进入实训场地,未经指导教师允许,不得动用整车及台架。

(4)实训时,未经指导教师批准,不准进入车内,防止误操作引起事故。

(5)实习结束,整理清洁工具和场地。

2. 设备/工量具/耗材

(1)设备:整车。

(2)耗材:三件套、叶子板布、常用工具、胎压表、车轮动平衡仪、轮胎花纹深度规、扭力扳手。

3. 轮胎的检查

(1)仔细观察外观,四个轮子都要仔细检查,看是否有鼓包、划痕、裂痕等。

调整轮胎充气压力至规定

(2)检测轮胎胎压,如图 5-34 所示。

(3)剔除轮胎上大的石子等异物,如图 5-35 所示。

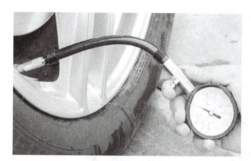

图 5-34 胎压的检测

图 5-35 剔除异物

(4)检查轮胎的磨损情况,如图 5-36 所示,轮胎的磨损度极限为 1.6 mm。

(5)检查轮胎的磨损情况。

(6)举升车辆,上下、左右晃动车轮,检查轮毂轴承是否正常,如图 5-37 所示。

图 5-36 磨损度检测

图 5-37 轮毂轴承检查

(7)在轮胎着地的情况下,检查车轮螺栓预紧力,车轮预紧力一般为 120 N·m 左右,如图 5-38 所示。

图 5-38　紧固车轮螺栓

问题 3：根据图 5-39 写出车轮磨损的原因。

_____

_____

_____

　　中部磨损　　　　　　胎肩磨损　　　　　　单侧磨损

　　羽状磨损　　　　　环状槽形磨损

图 5-39　车轮磨损

4. 更换轮胎

(1) 车辆驶入工位，挡位挂入空挡或 P 挡，拉起驻车制动。

(2) 用扭力扳手，拧松车轮紧固螺栓。

(3) 将车辆置于举升机上，并确定支撑牢靠，举升车辆至适当高度并安全锁止。

(4) 拧下轮胎紧固螺栓，取下轮胎。

(5) 清洁剥胎机，接通剥胎机电源及气源装置。

(6) 检查轮胎磨损程度，取下车轮动平衡块，如图 5-40 所示。

问题 4：为什么要取下原有的动平衡块？

_____
_____

（7）用胎压表释放轮胎中的高压空气，待气压减小至无法用胎压表释放时，用气门扳手拧下轮胎气门芯，如图 5-41 所示。

图 5-40　取下平衡块

图 5-41　取下气门芯

（8）将车轮及轮胎的一侧贴在拆装机的靠胎胶皮上。调整车轮与轮胎的位置，使风压铲置于轮胎圈和轮辋边缘之间，注意：应错开气门嘴位置，如图 5-42 所示。踩下风压铲控制踏板，直至轮胎与轮辋边缘彻底分离，如图 5-43 所示。然后调整风压铲挤压位置，再次挤压并使轮胎圈离开轮辋边缘。如此多次操作，使轮胎圈彻底脱离轮辋边缘。

更换轮胎的注意事项

图 5-42　错开气门嘴

图 5-43　分离轮胎与轮辋

问题 5：分离轮胎和轮辋时应该注意什么？

_____
_____

(9) 同上述(8)，使另一侧轮胎与轮辋分离。

(10) 将轮胎放到转台上，用脚踩踏夹钳踏板，将轮辋固定，如图 5-44 所示。

(11) 在轮胎与轮辋结合处，均匀地涂抹润滑脂(凡士林)，如图 5-45 所示。

图 5-44　固定轮辋

图 5-45　涂抹润滑脂

问题 6：为什么要涂抹凡士林？

_____

_____

_____

(12) 用剥胎导向杆压住轮辋的边缘，导向杆鸟嘴凹槽和轮辋边缘贴合，并锁止导向杆，如图 5-46 所示。

(13) 用撬棍带钩的一端将轮胎边缘撬至鸟嘴头上，用手按住撬棍，踩踏旋转踏板，使转台顺时针转动一周，即可卸下轮胎上边缘，如图 5-47 所示。

图 5-46　锁止导杆

图 5-47　撬起轮胎边缘

问题 7：用撬棍撬起轮胎边缘时，应注意什么？

_____

_____

_____

(14)采用同样的方法卸下轮胎下边缘,如图 5-48 所示。

(15)移开导向杆,取下轮胎,踩踏夹钳踏板松开轮辋,并取下轮辋,如图 5-49 所示。

图 5-48　拆卸轮胎下边缘

图 5-49　取下轮辋

(16)轮胎分解完成。

(17)将轮辋放到车轮转盘上,双手扶住轮辋,用脚踩踏夹钳踏板,将轮辋固定,将新轮胎放至轮辋上,并在轮胎边缘涂抹润滑脂(凡士林),如图 5-50 所示。

(18)将剥胎机导向杆压至轮辋边缘紧贴,并锁止。

(19)将导向杆鸟嘴头部前方的轮胎下边缘压入轮辋,同时,将轮辋下边缘放于鸭尾上,如图 5-51 所示。

图 5-50　涂抹润滑脂

图 5-51　轮胎位置

(20)继续踩踏旋转踏板,将轮胎下圈导入轮辋内,如图 5-52 所示。

(21)使用撬杆将导向杆鸟嘴头部前方的轮胎上边缘压入轮辋,同时,将轮辋上边缘放于鸟尾上,如图 5-53 所示,用脚踩旋转踏板,使车轮顺时针旋转一圈,将轮胎上圈导入轮辋内。

图 5-52　导入轮胎下圈

图 5-53　安装轮胎上圈

(22) 移开导向杆，用胎压表将轮胎气压充至轮胎边缘与轮辋贴合，旋上气门芯，如图 5-54 所示。

(23) 将轮胎胎压充至标准值，在轮胎与轮辋结合处，气门嘴上涂上肥皂水，检查是否漏气，如图 5-55 所示。

图 5-54　旋上气门芯

图 5-55　检查是否漏气

(24) 如无漏气现象，则旋上气门嘴防尘套，松开剥胎机夹钳，取下轮胎。
(25) 关闭剥胎机电源、气源，将轮胎安装到车上。
(26) 整理工具，清洁场地。

问题 8：拆装带有胎压传感器的轮胎应该注意什么？

5. 车轮动平衡

问题 9：车轮在哪些情况下需要做动平衡？

(1) 清除被测车轮上的泥土、石子和旧平衡块，如图 5-56 所示。

（2）检查轮胎气压，视需要充至规定值。

（3）根据轮辋中心孔的大小选择锥体，仔细栓装上车轮，用大螺栓螺母上紧，如图 5-57 所示。

图 5-56 取出轮胎上的杂物

图 5-57 选择锥体

（4）打开车轮平衡机电源开关，检查指示仪控制装置的面板是否指示正确。

（5）用卡尺测量轮辋宽度 b、轮辋直径 d（也可由胎侧读出），用平衡机上的标尺测量轮辋边缘至机箱距离 a，再用键入或选择器旋钮对准测量值的方法，将 a、b、d 值键入指示与控制装置中，如图 5-58～图 5-60 所示。

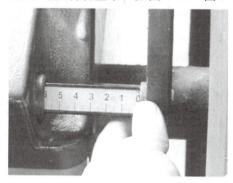

图 5-58 轮机距离测量

图 5-59 轮辋宽度测量

（6）放下车轮防护罩，按下启动键，如图 5-61 所示，车轮旋转，平衡测试开始，自动采集数据。

图 5-60 轮辋直径

图 5-61 按下启动键

(7)车轮自动停转或听到"笛"声后,按下停止键,并操纵制动装置使车轮停转,从指示装置中读取车轮内、外不平衡量和不平衡位置,如图5-62所示。

(8)抬起车轮防护罩,用手慢慢转动车轮。当指示装置发出指示(音响、指示灯亮、制动、显示点阵或显示检测数据等)时,停止转动,如图5-63所示。在轮辋的内侧或外侧的上部(时钟12点位置)加装指示装置显示的该侧平衡块质量,如图5-64所示。内、外侧应分别进行,平衡块装卡要牢固。

车轮动平衡

图5-62 不平衡量

图5-63 内侧指示灯全亮

(9)安装平衡块后,有可能会产生新的不平衡,应重新进行平衡试验,直至不平衡量<5g(0.3oz),指示装置显示"00"或"OK"时,才能满意,如图5-65所示。

(10)测试结束,关闭电源开关。

问题10:车轮在动平衡过程中,需要注意什么?

_____
_____
_____

图5-64 平衡块位置

图5-65 平衡显示

6. 车轮换位

(1) 花纹无方向斜交轮胎的换位。由于轮胎在使用过程中，前轮磨损比后轮严重，将同一轿车上的轮胎对换，可使轮胎的左右侧面磨损均匀。经过一段时间的使用后，前轴换下的轮胎可予以报废、翻新或作为备胎使用，新轮胎则安装在前轮上。这样做是较为经济、合理的一种方法。

(2) 子午线轮胎的换位。子午线轮胎应保持在车辆的同一侧使用，即保持相同的旋转方向。子午线轮胎的旋转走向是固定的，如果旋转方向弄反了，则会使车辆失去操纵稳定性，使汽车行驶不顺并产生振动。常见的车轮更换方法如图 5-66 所示。

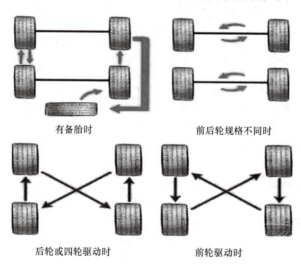

图 5-66　常见的车轮更换方法

1. 车轮的检查项目有哪些？

2. 如何快速地进行车轮的维护项目检查？

车轮的检查				
序号	内容	配分	扣分	备注
1	能进行工位 8S 操作（总分 15 分） □1.1 整理、整顿：实操过程使用工具及物料分类摆放(3 分) □1.2 清理、清洁：实操结束打扫工位(4 分) □1.3 素养：耗用物料节约使用(3 分) □1.4 安全：安全操作仪器设备(5 分)	15		
2	能进行设备和工具安全检查（总分 10 分） □2.1 检查作业所需要的工具设备是否完备(2 分) □2.2 检查作业环境是否配备灭火器(3 分) □2.3 检查车辆配备是否完备(5 分)	10		
3	注重商务礼仪（总分 10 分） □3.1 正确穿着佩戴胸牌、工服等(3 分) □3.2 作业过程中与客户交谈语气、语速适中(3 分) □3.3 正确做好个人卫生及形象(4 分)	10		
4	能进行工具清洁、校准、存放操作（总分 10 分） □4.1 使用工具前，检查工具、量具状态正常(2 分) □4.2 使用工具后，对工具、量具进行清洁(4 分) □4.3 作业完成后，对工具进行复位(4 分)	10		
5	能进行工具准备及过程规范（总分 9 分） □5.1 检查设备工具状态是否正常(3 分) □5.2 作业过程中工具不掉落(3 分) □5.3 作业过程证件、资料不落地(3 分)	9		
6	□团队协作能力(6 分)	6		
7	□任务完成情况(30 分)	30		
8	□课堂整体表现(10 分)	10		
总评				

车轮换位的目的是延长轮胎的使用寿命,确保轮胎均匀磨损,从而提高车辆行驶的安全性和轮胎的使用效率。换位的方法和时机因车型和驾驶条件而异,但通常包括以下几种类型:

(1)交叉换位法,适用于后轮驱动车辆,将左前轮胎调节至右后位置,右前轮胎调节至左后位置,左后轮胎调节至左前位置,右后轮胎调节至右前位置。这种方法有助于使轮胎的左右侧面磨损均匀。

(2)循环换位法,适用于前轮驱动车辆,包括左后轮胎调节至右前位置,右后轮胎调节至左前位置,左前轮胎调节至左后位置,右前轮胎调节至右后位置。这种方法适合有方向性要求的车辆。

(3)单侧换位法,根据车辆转弯频率调整轮胎位置,例如,经常右转弯的车辆可以将右前轮胎调节至左前位置。

任务 5.5 检查、添加和更换变速器油

一辆丰田卡罗拉轿车的车主反映:车辆在行驶过程中,有时变速器会出现异响,车辆已经行驶了 10 万千米。根据车主对车辆工况现象的反映,该如何进行变速箱的检查和维护,给客户提供良好的驾乘舒适感呢?

任务需要解决的问题

1. 如何检查变速器油液的品质?(重点)
2. 如何规范使用变速器油维修保养设备?(难点)
3. 能够独立完成变速器油液的检查和更换作业。(重点、难点)

知识目标

1. 了解变速器油的作用;
2. 熟悉变速器油的检查内容和方法;
3. 掌握手动变速器和自动变速器油的更换方法。

能力目标

1. 能够独立进行变速器油的检查和保养作业;
2. 能够选择合适的工具,进行相关零部件的拆装;
3. 能够给客户提供正确的变速器保养方案。

素质目标

1. 养成良好的工作习惯；
2. 培养环保、节约、严谨、细致的工作态度；
3. 培养工作中发现问题、解决问题的能力。

5.5.1 变速器油

变速器油一般正常行驶情况每 12 万千米更换一次，恶劣行驶情况每 6 万千米更换一次。尽量选用原厂的变速器油，不能错用、混用变速器油。汽车保养手册上描写的何种型号变速器油就用哪种型号的。变速器油由于型号不同，摩擦系数也不同，如图 5-67 所示。

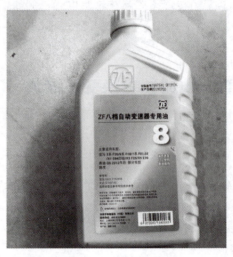

图 5-67 变速器油

问题 1：自动变速器油又叫作：_____

5.5.2 变速器油油位检查

由于自动变速器的结构特点不同，其油液液面高度的检查方法也不同，通常有油耗尺检查法和溢流孔检查法两种。

（1）油耗尺检查法。油尺有双刻度线、三刻度线和四刻度线三种，如图 5-68 所示。

检查油液液面时将车辆水平停放，保持发动机怠速运转至正常工作温度 85 ℃ 左右，将变速杆分别置于各个挡位并停留片刻，然后，将变速杆置于 P 挡或 N 挡，液面应处于双刻度线油尺的 MAX 和 MIN 之间，如图 5-68(a) 所示。

与双刻度线油尺相比，三刻度线和四刻度线油尺的检查方法略有不同。三刻度线油尺上对应两个区间，如图 5-68(b) 所示，最下方的 COOL 区间为油温低于 50 ℃ 时的冷态油液面范围，上方的 HOT 区间为油温在 50~80 ℃ 时的热态油液面范围；四刻度线油尺上对应三个区间，如图 5-68(c)所示，最下方的 COOL 区间为冷态油液面范围，最上方的 HOT 区间为热态油液面范围，中间为正常油温时的油液液面范围。

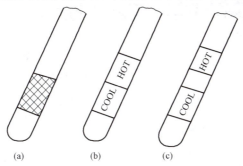

图 5-68 变速器油尺

(a)双刻度线式；(b)三刻度线式；(c)四刻度线式

（2）溢流孔检查法。部分车型没有设计自动变速器油液液面高度检查尺，而在自动变速器油底壳上设一溢流孔。图 5-69 所示为波罗（POLO）轿车 001 型自动变速器用于检查油液液面高度溢流孔。溢流孔平时用螺塞拧紧，检查油液液面的高度时，将车辆

图 5-69 变速器油溢出孔

水平停放，保持发动机怠速运转至正常工作温度，将变速杆分别置于各个挡位并停留片刻，然后，将变速杆置于 P 挡或 N 挡，拧开螺塞，如果有少量油液溢出，即为合适。例如，大众系列 01N、001、01M 型自动变速器规定，在 35～45 ℃时溢流孔刚好有 ATF 油液流出为正常。

问题 2：变速器油加多或加少，对变速器有哪些影响？

5.5.3 自动变速器油液品质的检查

自动变速器随着运动时间的延长和内部相对运动件的磨损，不可避免地会产生各种故障，同时，伴有自动变速器油液变质、变色。因此，在诊断自动变速器故障时，可以通过油液颜色和品质的变化来判断故障产生的原因。

1. 正常油液的颜色

通常每年应检查一次自动变速器油液的品质。正常的油液应为红色或粉红色的透明液体，并有类似新机油的气味。使用半年以上的油液为略带褐色的红色透明液体，如图 5-70 所示。

2. 检测方法

（1）拆掉油底壳检查。在使用时，由于磨料等沉淀在油底壳，要想准确地分析油液中磨料的含量及种类，最好将油液放尽后拆掉油底壳，从油底壳沉淀中分析磨粒的成分，以便判断故障产生的原因。

（2）用油尺检查。首先将发动机发动，使发动机怠速运转，并将操纵手柄放在空挡与1挡间反复移动几次，然后，将换挡手柄置于P挡或N挡，拔出油尺，用干净的纸巾擦拭油尺上的油液或用拇指与食指捻油液，以便观察油液品质。

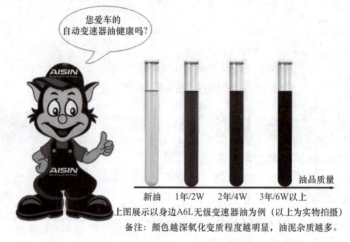

图 5-70　新旧变速器油对比

问题 3：影响变速器油质量的原因有哪些？旧变速器油中的杂质有哪些？

_____

_____

_____

_____

1. 安全要求及注意事项

（1）上课时，不准赤脚或穿拖鞋、高跟鞋和裙子，留长发者要佩戴工作帽。

（2）上课时要集中精神，不准说笑、打闹。

（3）进入汽车实训场地后，未经指导教师批准，不得动用实训车上的各项设备。

（4）实训时，未经指导教师批准，不准进入车厢内，防止汽车意外启动造成重大事故。

（5）实训车辆必须由实训教师驾驶。

2. 设备/工具/耗材要求

（1）设备：86件套一套、举升机一台、整车一辆、翼子板布、三件套。

（2）耗材：毛刷、手动变速器油。

3. 检查和更换手动变速器油

(1)准备阶段。

1)车辆进入工位前,学生将工位卫生清理干净,排除障碍物,准备好相关的工具、物品、耗材等。

2)将车辆停放在举升机的中央位置,拉紧驻车制动装置,并将变速器置于空挡,如图 5-71 所示。

3)安装铺设转向盘套、换挡手柄套、座椅套、地板垫。

(2)手动变速器油的检查。

1)操纵举升机将车辆举升到适当高度,并可靠锁止提升臂。

2)用接头、棘轮扳手拧松变速器注油塞,如图 5-72 所示。

图 5-71 拉起驻车制动

图 5-72 拆卸放油螺栓

注意:禁止使用已严重磨损的工具拆卸放油塞,否则容易造成滑方,给拆卸带来更大困难。

3)拧下放油螺栓并放置在零件车上,如图 5-73 所示。

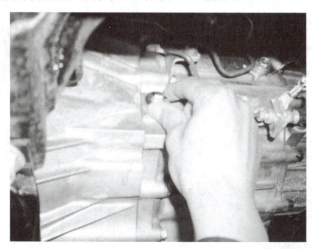
图 5-73 取下放油螺栓

4)查看变速器内油面位置,如果油位低,则检测变速器油是否泄漏。

注意:为了看清楚油面位置,可以配合灯光照明。变速器油面应位于放油口下边缘 0～5 mm，如果变速器油面正常，则将放油塞按照规定力矩拧紧。

(3)手动变速器漏油的检查。

1)检查变速器内，换挡杆油封处是否有漏油现象。

注意：①内换挡操纵换挡拨叉，实现变速器挡位变换。变速器后端盖上安装有橡胶油封，保证变速器与内换挡杆之间可靠密封，防止变速器油泄漏。

②如有泄漏现象，则应更换内换挡杆油封。

2)检查变速器壳体接合处是否有漏油现象，如图 5-74 所示。

图 5-74　检查变速器壳体接合处是否漏油

注意：如果变速器壳体接合处存在漏油现象，则应更换衬垫。

3)检查变速器前油封是否有漏油现象，如图 5-75 所示。

注意：如果变速器前油封漏油，则应更换前油封。

4)检查两侧半轴油封处是否存在漏油现象，如图 5-76 所示。

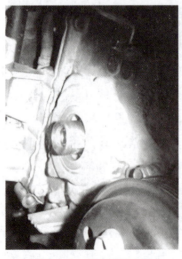

图 5-75　检查前油封　　　　图 5-76　检查两侧半轴油封

注意：如有漏油现象，则应更换半轴油封。

(4)更换手动变速器油。

1)操纵举升机,将车辆举升到轮胎最低点距离地面约为 20 cm 的高度,并可靠锁止提升臂。

2)进入驾驶室,打开点火开关并启动发动机,保持发动机怠速运转。

3)操纵变速手柄,将变速器挂入 1 挡,保持车辆带挡运行状态。2~3 min 后,将变速器挂入空挡,并关闭点火开关,停止发动机运转。

注意: ①车辆带挡短时间空载运行,目的是提高变速器温度,降低油液黏稠度,有利于彻底放油,减少变速器内残余油量。

②寒冷季节,预热变速器油尤为重要。

4)操纵举升机,将车辆举升适当高度后,可靠锁止提升臂。

5)将回收桶推至变速器下方,并正对放油塞,如图 5-77 所示。

6)用专用接头、棘轮扳手拧松变速器放油塞和加油塞,如图 5-78 所示。

图 5-77 接油机

图 5-78 松开放油塞

7)用手旋下变速器放油塞,如图 5-79 所示。

图 5-79 旋下放油塞

注意: 旋下放油塞时,注意感觉剩余螺纹有多少,当感知剩余 1~2 圈螺纹时,转动并同时上推放油塞,螺纹全部旋出后,快速移开放油塞,油液急速流入回收桶。如此操作,可以防止油液流到手上或身上。

8)待变速器放油口处油液不再滴落时,用手旋上放油塞。

9)棘轮扳手,将放油塞拧紧到规定力矩为 39 N·m,如图 5-80 所示。

注意: 放油塞拧紧力矩要符合规定要求,若力矩过大,则会造成放油塞滑扣;若力矩过小,则会导致放油塞处漏油。

图 5-80　拧上放油塞

10)将加油车推移至变速器下方。

11)将加油管插入变速器加油口中。

12)反复按压加油机加压手柄,将油液注入变速器中。

13)观察变速器加油口,如有油液溢出,则停止加油。

注意: 在加油口下方放置棉纱,防止油液滴落到地面上。

14)将加油机移至规定位置。

15)用手将放油塞旋入变速器加油口螺纹孔内,如图 5-81 所示。

16)使用 12♯专用接头、棘轮扳手,将加油塞拧紧至规定力矩为 39 N·m,如图 5-82 所示。

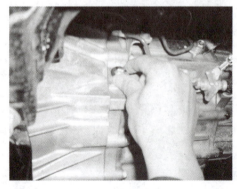

图 5-81　拧上加油塞

图 5-82　拧紧加油塞

17）使用棉纱擦净加油塞周围油迹，如图 5-83 所示。

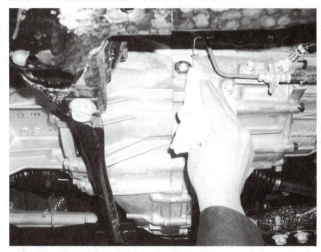

图 5-83　擦拭加油塞

18）操纵举升机，将车辆举升到轮胎最低点距离地面约为 20 cm 的高度，并可靠锁止提升臂。

19）进入驾驶室，打开点火开关并启动发动机，操纵变速手柄，变换挡位，保持车辆带挡运行状态。3～5 min 后，将变速器挂入空挡，并关闭点火开关，停止发动机运转。

注意：车辆带挡运行，一是检验变速器换挡性能；二是提高变速器油温度，便于检查泄漏。

20）操纵举升机，将车辆举升至适当高度后，可靠锁止提升臂。

21）检查变速器的放油塞和加油塞处是否有油液泄漏，如图 5-84 所示。

图 5-84　检查放油塞和加油塞

22）操纵举升机，将车辆降落到地面上。
23）整理工位。

(5)更换自动变速器油。循环机更换自动变速器油的步骤如下：

1）拧开放油螺钉进行放油。

2）拆下油底壳螺钉，卸下油底壳和变速器滤芯，并清洗油底壳和更换新的变速器滤芯。

3）安装好清洗干净的油底壳，连接循环机管路，启动循环机，如图5-85所示。

4）启动发动机，支起汽车，将变速杆在各个挡位上都停留几分钟，这样，可以将各挡位离合器和制动器中的油液都置换出来。

在循环机更换过程中，新油被注入自动变速器内，旧油则被压力顶出来。新、旧油交替就好像做血液透析一样，可以通过视窗窗口清晰地看出新、旧油的交替，旧油窗口的颜色从深黑色逐渐变成红色，直至新、旧油颜色一致，如图5-86、图5-87所示。

5）车换油完成后，车辆运行一段时间，然后在着车的状态下，打开观察孔，把多余的油放出来避免油液位置过高。

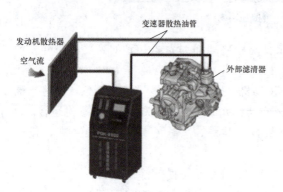

图5-85　循环及连接方式

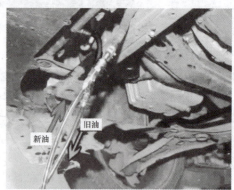

图5-86　换油过程

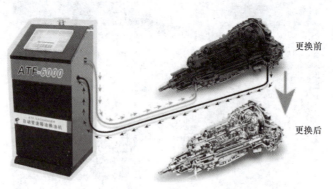

图5-87　变速器油更换前、后效果对比

检查、添加和更换变速器油

变速器油更换

1. 汽车变速器油的检查项目有哪些？

2. 更换变速器油要注意哪些问题？

检查、添加和更换变速器油				
序号	内容	配分	扣分	备注
1	能进行工位 8S 操作（总分 15 分） □1.1 整理、整顿：实操过程使用工具及物料分类摆放(3 分) □1.2 清理、清洁：实操结束打扫工位(4 分) □1.3 素养：耗用物料节约使用(3 分) □1.4 安全：安全操作仪器设备(5 分)	15		
2	能进行设备和工具安全检查（总分 10 分） □2.1 检查作业所需要的工具设备是否完备(2 分) □2.2 检查作业环境是否配备灭火器(3 分) □2.3 检查车辆配备是否完备(5 分)	10		
3	注重商务礼仪（总分 10 分） □3.1 正确穿着佩戴胸牌、工服等(3 分) □3.2 作业过程中与客户交谈语气、语速适中(3 分) □3.3 正确做好个人卫生及形象(4 分)	10		
4	能进行工具清洁、校准、存放操作（总分 10 分） □4.1 使用工具前，检查工具、量具状态正常(2 分) □4.2 使用工具后，对工具、量具进行清洁(4 分) □4.3 作业完成后，对工具进行复位(4 分)	10		
5	能进行工具准备及过程规范（总分 9 分） □5.1 检查设备工具状态是否正常(3 分) □5.2 作业过程中工具不掉落(3 分) □5.3 作业过程证件、资料不落地(3 分)	9		
6	□团队协作能力(6 分)	6		
7	□任务完成情况(30 分)	30		
8	□课堂整体表现(10 分)	10		
总评				

在更换变速器油时必须更换厂家规定的自动变速器用油，这是因为不同的自动变速器其内部结构、摩擦部件和密封部件等都会有所不同，原厂用油是根据变速器的结构和材料特殊配制的，其他品牌的油即使质量很好但也未必适用。

在更换变速器油时，会有部分旧的油液残存在变速器的油道和液力变矩器内，在加入不同的油液时，两种不同的油液在自动变速器内部混合后，可能会使自动变速器油的性能下降，导致自动变速器出现润滑不良或工作异常等故障，严重损坏自动变速器。

任务 5.6　悬架系统的检查

一辆吉利帝豪的车主反映：车辆行驶在山路上时，听见车辆底盘部位有明显的异响声，且车内的颠簸感比较强烈。根据车主对车辆工况现象的反映，该如何进行悬架系统的检查和维护，给客户提供良好的驾乘舒适感呢？

任务需要解决的问题

1. 悬架的作用是什么？（重点）
2. 悬架的检查内容有哪些？（难点）
3. 能否独立完成悬架系统的检查？（重点、难点）

知识目标

1. 了解悬架系统的基本结构及作用；
2. 熟悉悬架系统的检查内容及方法；
3. 掌握悬架系统的检查要领。

能力目标

1. 能够独立完成悬架系统的检查和保养；
2. 能够选择合适的工具进行相关零部件的检查和更换；
3. 能够给客户提供正确的悬架系统保养方案。

素质目标

1. 养成良好的工作习惯；
2. 培养环保、节约、严谨、细致的工作态度；
3. 培养工作中发现问题、解决问题的能力。

悬架是汽车的车架(或承载式车身)与车桥(或车轮)之间的一切传力连接装置的总称。其作用是传递作用在车轮和车架之间的力和力矩,并且缓冲由不平路面传递给车架或车身的冲击力,并减少由此引起的振动,以保证汽车能平顺地行驶。

典型的悬架结构由弹性元件、导向机构及减振器等组成,个别结构还有缓冲块、横向稳定杆等。弹性元件包括钢板弹簧、空气弹簧、螺旋弹簧及扭杆弹簧等形式,而现代轿车悬架多采用螺旋弹簧和扭杆弹簧,个别高级的轿车则使用空气弹簧,如图5-88所示。

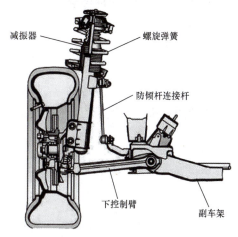

图5-88 悬架系统的组成

问题1:钢板弹簧的润滑介质是什么?

___

___

1. 安全要求及注意事项

(1)上课时,不准赤脚或穿拖鞋、高跟鞋和裙子,留长发者要佩戴工作帽。

(2)上课时要集中精神,不准说笑、打闹。

(3)进入汽车实训场地后,未经指导教师批准,不得动用实训车上的各项设备。

(4)实训时,未经指导教师批准,不准进入车厢内,防止汽车意外启动造成重大事故。

(5)实训车辆必须由实训教师驾驶。

2. 设备/工具/耗材要求

(1)设备:举升机一台、整车一辆、翼子板布、三件套。

(2)耗材:抹布。

3. 悬架系统的检查

(1)检查前、后减振器有无漏油压痕或衬套上的其他损坏;检查支座端是否有损伤,如有损伤部件,则应更换。

(2)检查前、后悬架装置是否有损坏、松脱或丢失零件,还应检查部件是否有损伤部件。

(3)检查前、后悬架上弹簧座有无脱开、撕裂或其他损坏。如有损伤,则应更换。

(4)检查悬架螺栓与螺母是否拧紧，必要时，应重新拧紧，如有损伤部件，则应维修或更换。

问题2：悬架系统漏油会对车辆造成哪些影响？

_____

_____

_____

问题3：哪些不规范的操作容易造成悬架系统故障？

_____

_____

_____

_____

(5)检查前悬架上、下摆臂的要点：
1)检查衬套的磨损和老化状况。
2)检查下摆臂是否弯曲或断裂。
3)检查防尘套是否开裂。
4)检查所有螺栓。
5)检查下摆臂球头：如果防尘套有裂纹，则应更换防尘套总成。安装球头自锁螺母，经过测量球头转矩，在常温下转动，以 0.5～2 r/min 的转速．标准转矩为 0.2～1 N·m（前）、0.5～0.15 N·m（后），如果转矩低于标准值，则应更换球头总成，如图5-89、图5-90 所示。

图 5-89　球头检查

图 5-90　螺栓紧固

1. 汽车悬架系统的检查项目有哪些？

2. 如何快速进行悬架系统的维护项目检查？

悬架系统的检查				
序号	内容	配分	扣分	备注
1	能进行工位 8S 操作（总分 15 分） □1.1 整理、整顿：实操过程使用工具及物料分类摆放(3分) □1.2 清理、清洁：实操结束打扫工位(4分) □1.3 素养：耗用物料节约使用(3分) □1.4 安全：安全操作仪器设备(5分)	15		
2	能进行设备和工具安全检查（总分 10 分） □2.1 检查作业所需要的工具设备是否完备(2分) □2.2 检查作业环境是否配备灭火器(3分) □2.3 检查车辆配备是否完备(5分)	10		
3	注重商务礼仪（总分 10 分） □3.1 正确穿着佩戴胸牌、工服等(3分) □3.2 作业过程中与客户交谈语气、语速适中(3分) □3.3 正确做好个人卫生及形象(4分)	10		
4	能进行工具清洁、校准、存放操作（总分 10 分） □4.1 使用工具前，检查工具、量具状态正常(2分) □4.2 使用工具后，对工具、量具进行清洁(4分) □4.3 作业完成后，对工具进行复位(4分)	10		
5	能进行工具准备及过程规范（总分 9 分） □5.1 检查设备工具状态是否正常(3分) □5.2 作业过程中工具不掉落(3分) □5.3 作业过程证件、资料不落地(3分)	9		
6	□团队协作能力(6分)	6		
7	□任务完成情况(30分)	30		
8	□课堂整体表现(10分)	10		
总评				

拓展阅读

悬架系统担负起承载车体并吸收振动的工作，提供最佳的乘坐舒适性。空气车悬架系统与传统的钢制弹簧悬挂相比，空气悬挂具有很多优势，最重要的一点就是弹簧的弹性系数，也就是弹簧的软硬能根据需要自动调节。例如，在高速行驶时，悬挂可以变硬，以提高车身稳定性；而长时间低速行驶时，控制单元会认为正在经过颠簸路面，进而调节悬挂变软来提高舒适性。其缺点是技术还不是很成熟，密封系统容易破损，从而影响悬挂系统。

任务 5.7　万向传动装置及底盘螺栓检查

情境导入

车主张先生反映：自己的后驱车在起步时，感觉底盘有明显的振感，由于车辆已经行驶了 6 万千米，他想对汽车底盘的紧固件进行全面检查。根据车主对车辆工况现象的反映，该如何进行底盘紧固件的检查和维护，给客户提供良好的驾乘舒适感呢？

任务需要解决的问题

1. 传动轴的作用是什么？（重点）
2. 传动轴的检查内容有哪些？（难点）
3. 独立完成底盘螺栓的检查和紧固作业。（重点、难点）

学习目标

知识目标

1. 了解传动轴的基本结构及作用；
2. 熟悉传动轴的检查内容及要点；
3. 掌握底盘螺栓的紧固方法；
4. 熟悉车辆的底盘零部件名称。

能力目标

1. 能够独立完成传动轴的检查与保养作业；
2. 能够选择合适的工具，进行相关底盘螺栓的检查与校准；
3. 能够给客户提供正确的底盘紧固件保养方案。

素质目标

1. 养成良好的工作习惯；

2. 培养环保、节约、严谨、细致的工作态度；
3. 培养工作中发现问题、解决问题的能力。

万向传动装置是一个高转速、少支撑的旋转体，因此，它的动平衡是至关重要的。一般传动轴在出厂前都要进行动平衡试验，并在平衡机上进行调整。对前置引擎后轮驱动的车来说，是将变速器的转动传到主减速器的轴，它可以是很多节，节与节之间可以由万向节连接。

万向传动装置是汽车传动系统中传递动力的重要部件，它的作用是与变速器、驱动桥一起将发动机的动力传递给车轮，使汽车产生驱动力，如图 5-91 所示。

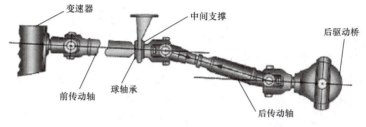

图 5-91　万向传动装置

问题 1：十字轴式万向节等速条件是什么？

___

___

___

___

1. 安全要求及注意事项

(1) 上课时，不准赤脚或穿拖鞋、高跟鞋和裙子，留长发者要佩戴工作帽。
(2) 上课时要集中精神，不准说笑、打闹。
(3) 进入汽车实训场地后，未经指导教师批准，不得动用实训车上的各项设备。
(4) 实训时，未经指导教师批准，不准进入车厢内，防止汽车意外启动造成重大事故。
(5) 实训车辆必须由实训教师驾驶。

2. 设备/工具/耗材要求

(1) 设备：举升机一台、整车一辆。
(2) 耗材：抹布。

3. 万向传动装置的检查

(1) 举升车辆至适当高度。

(2) 检查万向传动装置橡胶套有无龟裂、撕裂、老化等现象。

(3) 检查万向传动装置有无漏油现象。

(4) 检查传动轴平衡块是否完好。

(5) 清洁万向传动装置上的泥土等杂质。

问题 2：为什么要清洁传动轴？

_____

_____

_____

4. 紧固底盘螺栓

(1) 车辆驶入工位，挡位挂入空挡或 P 挡，拉起驻车制动。

(2) 用举升机将车辆支撑牢靠。

(3) 安装翼子板布。

(4) 根据标准力矩拧紧前后减振器上端螺栓，如图 5-92、图 5-93 所示。

图 5-92　紧固前悬架螺栓

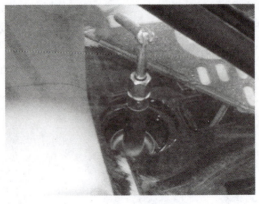

图 5-93　紧固后悬架螺栓

(5)举升车辆。

(6)根据标注力矩紧固前桥及前悬架部分螺栓,如图 5-94 所示。

(7)根据标注力矩紧固变速器与发动机支架螺栓,如图 5-94 所示。

(8)根据标准力矩紧固底盘部分其他螺栓,如图 5-94 所示。

图 5-94　底盘螺栓紧固

底盘螺栓、螺母拧紧力矩,以斯柯达明锐为例,见表 5-1。其他车型详见维修手册。

表 5-1　明锐底盘螺栓拧紧力矩

一、前桥部分			
平衡杆连接杆与前悬挂支柱	65N·m	控制臂铝支架与前桥	50N·m+90°
控制臂铝支架与车身	70N·m+90°	前桥与车身	70N·m+90°
车身位置传感器与前桥	9N·m	下摇臂球头与立柱	20N·m+90°
下摇臂球头与下摇臂	40N·m+90°	平衡杆胶套卡箍螺栓	20N·m+90°
铰接支架与前桥	100N·m+90°	铰接支架与变速器	40N·m+90°
下摇臂与前桥	70N·m+90°	平衡杆连接杆与平衡杆	65N·m
车轮螺栓	110N·m	横拉杆球头与轴承壳	20N·m+90°
转向轴万向节到转向机	20N·m+90°	轮速传感器固定螺栓	8N·m
前制动盘挡板与轴承	10N·m	外球笼与前轮轴承	200N·m+180°
制动盘与前轮轴承	4N·m	前轮轴承与轴承壳	70N·m+90°
前减振器与轴承壳	40N·m+90°	制动钳支架到轴承壳	190N·m
制动钳到制动钳支架	30N·m	前减振器与悬挂支撑轴承	60N·m
悬挂支撑轴承与车身	15N·m+90°	内球笼与变速箱法兰 m8	40N·m
前桥与方向机	50N·m+90°		

续表

二、后桥部分			
后桥与车身	90N·m+90°	下悬挂臂与后桥	95N·m
下悬挂臂与车轮轴承壳体	90N·m+90°	上部悬挂臂与后桥	95N·m
上部悬挂臂与轴承壳体	130N·m+90°	后桥控制杆与后桥	90N·m+90°
后桥控制杆与轴承壳	130N·m+90°	纵向控制臂与固定架	90N·m+90°
纵向控制臂固定架与车	50N·m+45°	纵向控制臂与轴承壳	90N·m+90°
后平衡杆连接杆与轴承壳	40N·m	后制动盘挡板与轴承壳	12N·m
后轴承与轴承壳	180N·m+180°	后减振器座与车身	50N·m+45°
后减振器与轴承壳	180N·m	平衡杆连接杆与平衡杆	40N·m
平衡杆胶套卡箍螺	20N·m+90°	后制动钳支架与轴承壳	90N·m+90°
后制动钳与支架	35N·m		

问题3：底盘螺栓过紧或过松会对车辆产生哪些影响？

_____

_____

_____

_____

1. 汽车传动轴的检查项目有哪些？

2. 为什么要检查底盘螺栓的紧固情况呢？

任务评估

序号	内容	配分	扣分	备注
	万向传动装置及底盘螺栓检查			
1	能进行工位 8S 操作（总分 15 分） □1.1 整理、整顿：实操过程使用工具及物料分类摆放(3 分) □1.2 清理、清洁：实操结束打扫工位(4 分) □1.3 素养：耗用物料节约使用(3 分) □1.4 安全：安全操作仪器设备(5 分)	15		
2	能进行设备和工具安全检查（总分 10 分） □2.1 检查作业所需要的工具设备是否完备(2 分) □2.2 检查作业环境是否配备灭火器(3 分) □2.3 检查车辆配备是否完备(5 分)	10		
3	注重商务礼仪（总分 10 分） □3.1 正确穿着佩戴胸牌、工服等(3 分) □3.2 作业过程中与客户交谈语气、语速适中(3 分) □3.3 正确做好个人卫生及形象(4 分)	10		
4	能进行工具清洁、校准、存放操作（总分 10 分） □4.1 使用工具前，检查工具、量具状态正常(2 分) □4.2 使用工具后，对工具、量具进行清洁(4 分) □4.3 作业完成后，对工具进行复位(4 分)	10		
5	能进行工具准备及过程规范（总分 9 分） □5.1 检查设备工具状态是否正常(3 分) □5.2 作业过程中工具不掉落(3 分) □5.3 作业过程证件、资料不落地(3 分)	9		
6	□团队协作能力(6 分)	6		
7	□任务完成情况(30 分)	30		
8	□课堂整体表现(10 分)	10		
	总评			

拓展阅读

传动轴机件的损坏、磨损、变形及失去动平衡，都会造成汽车在行驶中产生异响和振动，严重时，会导致相关部件的损坏。汽车在行驶中，在起步或急加速时发出"咯噔"的声响，而且明显表现出是机件松旷的感觉，如果不是驱动桥传动齿轮松旷，则显然是传动轴机件松旷。松旷的部位不外乎是万向节十字轴承或钢碗与凸缘叉，伸缩套的花键轴与花键套。一般来说，十字轴轴径与轴承旷量不应超过 0.13 mm，伸缩花键轴与花键套啮合间隙不应大于 0.3 mm。超过使用极限，则应修复或更换。

项目 6
新能源汽车维护

项目描述

新能源汽车与传统汽车的主要区别是动力来源不同，新能源汽车依靠动力电池来提供动力，通过电驱动系统驱动车辆。而传统汽车则是通过燃烧汽油或柴油来驱动车辆。因此，纯电动汽车的维护与传统汽车的维护略有不同，没有发动机系统、燃油供给系统的维护，增加了动力电池系统、充电系统、电驱动系统等的维护。总体来说，新能源汽车维护美容有所减少，维护费用下降。

由于新能源汽车动力系统的维护项目与传统燃油车区别较大，因此新能源汽车的维护可分为全车维护和高压安全维护，同时，维护周期也有很大的区别。以北汽 EV160 为例，维护周期见表 6-1。

表 6-1 纯电动汽车的维护周期（北汽 EV160） km

类别	维护项目	累计行驶里程					
		10 000	20 000	30 000	40 000	50 000	以此类推
A 级维护	全车维护	○		○		○	
B 级维护	高压、安全检查维护		○		○		○

项目内容

名称	周期（建议）		
	检查	清洁	更换
减速器润滑油			每 10 km

 任务 主减速器润滑油的更换

客户王先生新买的比亚迪 e6 电动汽车已经使用了半年，昨天接到 4S 店电话，让王先生今天来 4S 店进行首次维护。

任务需要解决的问题

1. 新能源汽车维护前，应做哪些安全防护措施？（重点）
2. 新能源汽车维护项目都有哪些？（重点）

知识目标

1. 了解新能源汽车维护对场地的要求；
2. 了解新能源汽车维护对操作人员的要求；
3. 了解新能源汽车维护工具并掌握使用方法；
4. 掌握新能源汽车维护项目的周期；
5. 掌握新能源汽车维护项目的内容。

能力目标

1. 能够正确使用新能源汽车维护高压防护工具与检测工具；
2. 能够利用互联网等资料，检索目前国内在新能源汽车维护方面的发展动态；
3. 能够对新能源汽车进行日常维护。

素质目标

1. 养成良好的工作习惯；
2. 培养环保、节约、严谨、细致的工作态度；
3. 培养工作中发现问题、解决问题的能力；
4. 养成正确的工作方法。

新能源汽车上的高压电系统是一大重要危险源，在维护新能源汽车时（尤其是出现重大事故后的车辆），需要做好基本安全作业准备，遵循规定穿戴防护设备，设置工位防护措施。

注意：安全防护记心间！

1. 个人安全防护准备

个人安全防护准备见表 6-2。

表 6-2 个人安全防护准备

序号	防护内容	实践操作
1	穿戴绝缘手套	
2	佩戴安全帽	
3	穿戴绝缘鞋	
4	佩戴护目镜	
5	穿戴绝缘服（特殊情况）	

2. 工位安全防护准备

工位安全防护准备见表 6-3。

表 6-3 工位安全防护准备

序号	作业内容	实践操作
1	设置隔离栏	
2	设置安全警示牌	
3	检查灭火器	
4	安装车辆挡块	

续表

序号	作业内容	实践操作
5	安装车外三件套	
6	车内四件套(转向盘、座椅、脚垫、换挡杆)	
7	举升机检查	
8	铺设绝缘垫	

实训1：新能源汽车维护作业工位准备

1. 实训注意事项

(1)上课时，不准赤脚或穿拖鞋、高跟鞋和裙子。
(2)进入实训场地不得大闹，不得携带零食。
(3)进入实训场地，未经指导教师允许，不得动用整车及台架。
(4)禁止未经指导教师许可启动车辆。
(5)实习结束，整理清洁工具和场地。

2. 设备/工量具/耗材

(1)设备：整车、举升机。
(2)耗材：三件套、叶子板布。

3. 新能源汽车维护作业工位准备

新能源汽车维护作业工位准备见表6-4。

表6-4 新能源汽车维护作业工位准备

工作任务：新能源汽车维护作业工位准备			
1	是否穿戴绝缘手套	是□	否□
2	是否检查绝缘手套	是□	否□
3	是否佩戴安全帽	是□	否□
4	是否检查安全帽	是□	否□
5	是否穿戴绝缘鞋	是□	否□
6	是否检查绝缘鞋	是□	否□
7	是否佩戴护目镜	是□	否□
8	是否检查护目镜	是□	否□
9	是否穿戴绝缘服(特殊情况)	是□	否□
10	是否检查绝缘服	是□	否□

新能源汽车维护作业工位准备				
序号	内容	配分	扣分	备注
1	是否穿戴绝缘手套	15		
2	是否检查绝缘手套	10		
3	是否佩戴安全帽	10		
4	是否检查安全帽	10		
5	是否穿戴绝缘鞋	9		
6	是否检查绝缘鞋	6		
7	是否佩戴护目镜	10		
8	是否检查护目镜	10		
9	是否穿戴绝缘服（特殊情况）	10		
10	是否检查绝缘服	10		
总评				

实训 2：新能源汽车减速器润滑油更换

新能源汽车的减速器结构与传统汽油车的减速器结构和功能大致相同。其主要目的是降低转速和增加转矩，以满足车辆的驱动需求。新能源汽车的减速器通常位于电动机和车轮之间，将电动机的高转速和低转矩转换为车轮需要的低转速和高转矩。图 6-1 所示为减速器实物图。

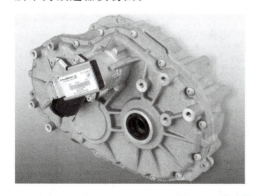

图 6-1　减速器实物图

对电动车而言，定期更换减速器齿轮油是确保其顺畅运行的关键。不同品牌的电动车在更换里程上存在差异，短的可达 2 万千米，长的则能达到 6 万千米，但通常建议每年更换一次，以保证最佳效果。齿轮油需要具备优秀的抗磨损、耐负荷特性，以及适宜的黏度，同时，还要具备良好的热氧化安定性、抗泡性、水分离性能和防锈性能。

减速器齿轮油主要由矿物石蜡基基础油或合成基础油构成，通过加入抗氧剂、极压抗磨剂和油性剂调制而成。润滑油在各种齿轮传动装置中，发挥着至关重要的作用，能够有效避免齿面磨损、擦伤、烧结等情况的发生，从而延长齿轮的使用寿命并提高传递功率的效率。

1. 减速器润滑油的检查方法

首先确认车辆是否处于水平状态，检查油位，检查减速器是否有漏油痕迹，如有漏油现象，则分析漏油原因，修理漏油部位；拆下油位螺塞，检查油位。

（1）如果润滑油与油位螺塞孔齐平，则说明油位正常。

（2）如果润滑油与油位塞孔不齐平，则应按照规定加入润滑油，直到油位螺塞孔口出油为止。

2. 减速器润滑油更换

减速器润滑油更换见表 6-5。

表 6-5　减速器润滑油更换

序号	作业内容	实践操作
1	工位准备： 　秦 EV 整车 1 辆，举升机一个	
2	更换减速器油液工具准备： 　护目镜、安全帽、减速器油液、55 号内六方套筒、扭力扳手、中号棘轮扳手、废油回收桶、润滑油加注桶	

续表

序号	作业内容	实践操作
3	电动车断电，水平举升车辆，检查是否有漏油现象	
4	放置废油回收桶，找准接油位置	
5	用55号内六方套筒工具松放油塞。注意：用手松放油塞时，保持拎手手势，防止油液曲线排出时污染工作人员衣物	
6	油液回收完成后，先用手将放油塞拧紧	

续表

序号	作业内容	实践操作
7	调整扭力扳手到规定力矩，拧紧放油塞，听到"咔"的一声，表示已经按照规定力矩拧紧	
8	将准备好的减速器油液倒入加注桶中	
9	按照正确的操作方法，加注减速器油液，观察油液位置与进油口齐平	
10	减速器油液加注完成后，先用手将进油塞拧紧。调整扭力扳手到规定力矩，拧紧进油塞，听到"咔"的一声，表示已经按照规定力矩拧紧	

续表

序号	作业内容	实践操作
11	用吸油纸清洁减速器表面与两个加油塞	
12	降落举升机，恢复举升臂位置，关掉举升机电源	
13	清洁整理工具，恢复工位	

更换减速器润滑油					
序号	内容	配分	扣分	备注
1	能进行工位8S操作（总分15分） □1.1 整理、整顿：实操过程使用工具及物料分类摆放（3分） □1.2 清理、清洁：实操结束打扫工位（4分） □1.3 素养：耗用物料节约使用（3分） □1.4 安全：安全操作仪器设备（5分）	15		
2	能进行设备和工具安全检查（总分10分） □2.1 检查作业所需要的工具设备是否完备（2分） □2.2 检查作业环境是否配备灭火器（3分） □2.3 检查车辆配备是否完备（5分）	10		
3	注重商务礼仪（总分10分） □3.1 正确穿着佩戴胸牌、工服等（3分） □3.2 作业过程中与客户交谈语气、语速适中（4分） □3.3 正确做好个人卫生及形象（4分）	10		
4	能进行工具清洁校准存放操作（总分10分） □4.1 使用工具前检查工具、量具状态正常（2分） □4.2 使用工具后对工具、量具进行清洁（4分） □4.3 作业完成后对工具进行复位（4分）	10		
5	能进行工具准备及过程规范（总分9分） □5.1 检查设备工具状态是否正常（3分） □5.2 作业过程中工具不掉落（3分） □5.3 作业过程证件、资料不落地（3分）	9		
6	□团队协作能力（6分）	6		
7	□任务完成情况（30）	30		
8	□课堂整体表现（10分）	10		
总评				

实训3：新能源汽车减速器润滑油更换

1. 实训注意事项
(1)上课时，不准赤脚或穿拖鞋、高跟鞋和裙子。
(2)进入实训场地不得大闹，不得携带零食。
(3)进入实训场地，未经指导教师允许，不得动用整车及台架。
(4)禁止未经指导教师许可启动车辆。
(5)实习结束，整理清洁工具和场地。

2. 设备/工量具/耗材
(1)设备：整车、举升机。
(2)耗材：减速器油液、手套。

3. 新能源汽车减速器润滑油更换
新能源汽车减速器润滑油更换见表6-6。

表6-6　新能源汽车减速器润滑油更换

	工作任务：新能源汽车减速器润滑油更换		
1	是否车辆断电	是□	否□
2	是否检查减速器外观	是□	否□
3	是否检查减速器漏油	是□	否□
4	是否检查减速器油位	是□	否□
5	是否穿戴护目镜	是□	否□
6	是否穿戴安全帽	是□	否□
7	是否用扭力扳手拧紧螺塞	是□	否□
8	是否回收处理废旧油液	是□	否□
9	是否加注规定的减速器油液	是□	否□
10	是否检查加注油量	是□	否□
11	是否按照8S要求恢复工位	是□	否□

新能源汽车减速器润滑油更换					
序号	内容	配分	扣分	备注
1	是否车辆断电	15		
2	是否检查减速器外观	10		
3	是否检查减速器漏油	10		
4	是否检查减速器油位	10		
5	是否穿戴护目镜	5		
6	是否穿戴安全帽	5		
7	是否用扭力扳手拧紧螺塞	10		
8	是否回收处理废旧油液	15		
9	是否加注规定的减速器油液	10		
10	是否检查加注油量	5		
11	是否按照 8S 要求恢复工位	5		
总评					

1. 新能源汽车的维护项目有哪些？

2. 新能源汽车与传统汽车在维护上有什么区别？

3. 为什么要更换减速器润滑油？

拓展阅读

比亚迪研发的八合一高效电驱总成技术集成了驱动电机、减速器、驱动电机控制器、高低压直流转换器(DCDC)、双向车载充电器(OBC)、高压配电箱(PDU)、电池管理器(BMS)、整车控制器(VCU)八大模块。这项技术的整体性能较上一代有显著提升,功率密度提高了20%,整机质量和体积分别降低了15%和20%,系统综合效率达到了89%。八合一电驱总成的最大功率为270 kW,并且具备前驱、后驱、双电机四驱三种驱动形式,能够满足从A0级到C/D级车型的动力搭载需求。

学习总结

参考文献

[1] 吉武俊，胡勇．汽车维护与保养[M]．3版．北京：机械工业出版社，2021．

[2] 苏占华，吴荣辉．汽车维护与保养[M]．北京：机械工业出版社，2023．

[3] 夏长明．现代汽车维护与保养[M]．4版．北京：机械工业出版社，2022．

[4] 范爱民，张晓雷．汽车维护与保养[M]．2版．北京：清华大学出版社，2015．

[5] 袁兆鹏，徐夕玲，杨荣华．新能源汽车维护与保养[M]．北京：中国人民大学出版社，2022．

[6] 宋丽敏，陈娜娜．新能源汽车维护及故障诊断[M]．北京：化学工业出版社，2024．

[7] 中华人民共和国国家质量监督检验检疫总局，中国国家标准化管理委员会．GB/T 35260—2017 公共汽车维护技术规范[S]．北京：中国标准出版社，2018．